Die Kosten- und Leistungsrechnung

Wolf-Dieter Schellin

Copyright © 2016 Wolf-Dieter Schellin

Korrektorat: Kristin Grauthoff

All rights reserved.

ISBN: 9783739218472

Herstellung und Verlag:
BoD – Books on Demand, Norderstedt

Bibliografische Information der Deutschen Nationalbibliothek:
Die Deutsche Nationalbibliothek verzeichnet diese Publikation in der Deutschen Nationalbibliografie; detaillierte bibliografische Daten sind im Internet über http://dnb.d-nb.de abrufbar.

Inhalt

3

Die Aufgaben der Kosten- und Leistungsrechnung

Die Finanzbuchhaltung des Unternehmens bezeichnet man auch als das „Externe Rechnungswesen". Das Ergebnis der Unternehmung wird entsprechend der Vorgaben aus dem Handels- und Steuerrecht ermittelt. So ermöglicht es der Finanzverwaltung, Investoren, Banken und anderen Kreditgebern, einen Einblick in die Ertragslage des Unternehmens zu gewinnen.

Die Kosten- und Leistungsrechnung (KLR) hingegen wird als das „Interne Rechnungswesen" bezeichnet. Sie beinhaltet eine Ergebnisermittlung, die nicht zwingend „nach Außen" kommuniziert

wird. Das aus ihr resultierende Reporting erfolgt speziell für die Geschäftsführung, die Abteilungsleiter und die so genannten Kostenstellenverantwortlichen.

KLR in der Möbelfertigung   Alle Berechnungen innerhalb der KLR erfolgen im Zusammenhang mit der betrieblichen Leistungserstellung. Also mit allem, was mit dem eigentlichen Betriebszweck (im Falle unserer „Fantastic Furniture OHG"), also der Herstellung von und dem Handel mit Wohnmöbeln zu tun hat. Geschäftsfälle, die diesen Bereich nicht direkt betreffen, bzw. ein Nebeneffekt der Unternehmung sind, werden gezielt ausgeklammert.

Am Schluss der KLR steht die Ermittlung der so genannten Selbstkosten, bezogen auf die einzelnen Abteilungen, unsere selbstgefertigten oder fremdbezogenen Artikel und/oder die

Artikelgruppen. Damit lässt sich ermitteln, wie wirtschaftlich die Produktion eines Artikel, eines Betriebsbereiches oder der ganzen Unternehmung war. Wir können so auch feststellen, mit wieviel Euro ein Artikel zur Deckung unserer fixen Kosten beiträgt und ab welcher Stückzahl zum Beispiel ein Gewinn generiert werden kann.

All diese Ergebnisse helfen der „Fantastic Furniture OHG" dabei, sich mit einem optimal aufgebauten Zahlenwerk auf die künftige Preisgestaltung und Positionierung am Markt vorzubereiten.

Die Grundbegriffe der KLR

Zuerst einmal betrachten wir die teilweise ganz neuen Begriffe, mit denen Sie konfrontiert werden. Diese weichen von den gebräuchlichen Worten aus der Finanzbuchhaltung ab. Gewiss, für den Lernenden ist diese Erkenntnis oft mit einem „Noch mehr Begriffe!" verbunden. Dennoch helfen diese neuen Worte, die ausschließlich in der KLR Verwendung finden, beide Bereiche des Rechnungswesens voneinander zu trennen; sie auseinanderhalten zu können.

Aufwendungen – Kosten

In der Finanzbuchhaltung findet durchgehend der Begriff „Aufwendungen" Verwendung. Dort bezeichnen wir alles, was die Ergebnisrechnung negativ beeinflusst, als *Aufwendungen*. Die KLR kennt diesen Begriff nicht. Hier werden die in Euro ausgedrückten Beträge, die unseren eigentlichen Betriebszweck (Möbel-Fertigung und –Handel) betreffen, als „Kosten" bezeichnet.

Erträge/Erlöse – Leistungen

Sprechen wir im „externen Rechnungswesen" von Erträgen, so meinen wir damit alle gewinnerhöhenden „Einnahmen" unseres Unternehmens. So zum Beispiel Umsatzerlöse, Mieterträge und Zinserträge. All diese Werte beeinflussen unser Ergebnis und freuen die Finanzverwaltung.

 „Leistungen" hingegen sind nur die Werte, die wir im Rahmen unserer unternehmerischen Tätigkeit – also mit der Verfolgung des besagten „Betriebszwecks" – erbringen. Das sind nicht nur die Leistungen, die sich auf die Umsatzerlöse unserer Unternehmung auswirken, sondern auch die Möbelstücke, die wir „für das Lager" produzieren. Die Dinge, die mit der Fertigung und dem Handel nichts zu tun haben, werden nicht als „Leistungen" bezeichnet.

 Als *Leistungen* bezeichnen wir jede Form der *Produktivität*, sofern mit ihr der eigentliche *Zweck des Betriebes* verfolgt wird.

Die Rechnungskreise I. und II.

Im vorherigen Abschnitt haben Sie gelernt, dass die Art der Ergebnisermittlung im externen und dem internen Rechnungswesen unterschiedlich gehandhabt wird. Im „Externen" wird alles berücksichtigt, was der Gesetzgeber verlangt, im „Internen" hingegen nur das, was mit dem Betriebszweck zu tun hat.

Zwei Rechenweisen also, die aber doch einiges gemeinsam haben. Zumindest so viel, dass die Werte teilweise aus der Finanzbuchhaltung in die KLR übernommen werden können. Und um in einer Sprache sprechen zu können, unterscheidet man am die beiden Arten des Rechnungswesens der Einfachheit halber zwischen „Rechnungskreis I." (Fibu) und „Rechnungskreis II." (KLR).

Diese Grafik soll Ihnen verdeutlichen, wie nah die beiden Bereiche

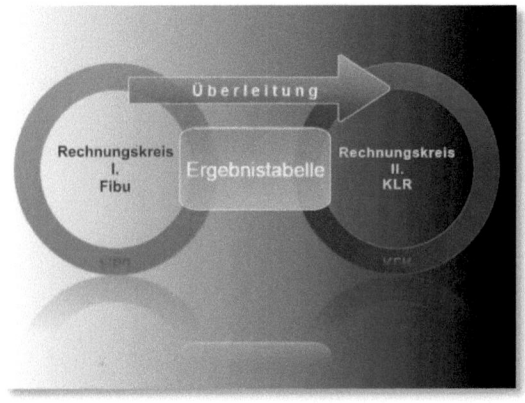

beieinander stehen. Sie haben gewisse Gemeinsamkeiten, jedoch unterscheiden sie sich durch die Rechenweisen auch wieder erheblich voneinander. Wir wissen, dass wir einen Teil der betrieblichen Aufwendungen, nämlich die, die dem eigentlichen Betriebszweck zuzuordnen sind, in die KLR übernehmen müssen. Ebenso auch einen Teil der Erlöse und Erträge. Diese Übernahme kann theoretisch in Form einer Tabelle erfolgen oder auch als Liste, die mit freier Hand gezeichnet wurde. Das macht jedoch nur in der Theorie Sinn, da wir ganz genau nachverfolgen müssen, welche Werte wir in welcher Höhe übernehmen können und welche wir herausfiltern.

Für diese Überleitung vom Rechnungskreis I. in den Rechnungskreis II. verwenden wir die so genannte „Ergebnistabelle". Mit ihrer Hilfe gelingt es uns, sauber und nachvollziehbar darzustellen, wie unsere Berechnungen erfolgt sind.

Die Ergebnistabelle

In die Ergebnistabelle werden alle Aufwendungen, Erträge und Erlöse übernommen, die uns vom externen Rechnungswesen übergeben wurden. In der Spalte 1 werden die betreffenden Kontonummern des IKR genannt. Daneben, in Spalte 2, die Kontenbezeichnungen. In Spalte 3 werden die betrieblichen Aufwendungen eingetragen und in die Spalte 4 die Erträge und Erlöse. Am unteren Ende der Spalten werden die beiden Summen gebildet und der Saldo ermittelt. Sind die Aufwendungen größer als die

Rechnungskreis I. Erfolgsbereich Geschäftsbuchführung, Kontenklassen 5, 6 und 7			
Konto 1	Kontenbezeichnung 2	Aufwendungen 3	Erträge 4
5000	Umsatzerlöse eig. Erz.		10.370.950,00
5100	Erlöse Handelswaren		398.500,00
5202	Bestandsveränd.e.E.		197.200,00
5400	Mieterträge		7.200,00
5410	Erträge a.d.A.v.AV		13.500,00
5710	Zinserträge		1.720,00
5490	Periodenfr. Erträge		3.100,00
5600	Erträge a.a.Finanzanl.		2.530,00
5800	Außerord. Erträge		1.890,00
6000	Aufw. Rohstoffe	5.632.725,00	
6020	Aufw. Hilfsstoffe	128.210,00	
6030	Aufw. Betriebsstoffe	16.844,00	

Erträge und Erlöse, hat das Unternehmen einen Verlust erwirtschaftet. Überwiegen die Erträge und Erlöse, so wurde ein Gewinn erzielt. Dieses Ergebnis heißt in der Ergebnistabelle „Gesamtergebnis".

 Jeder Betrag, der in einer Zeile der Ergebnistabelle erscheint, muss in der gleichen Zeile zumindest in Summe ein zweites Mal genannt werden. Ist dies nicht der Fall, hat sich ein Fehler eingeschlichen!

Nun sind wir also soweit, dass die Überleitung vom Rechnungskreis I. in den Rechnungskreis II. erfolgen kann. Dabei müssen wir nun überlegen, welche Werte wir übernehmen dürfen, welche weder Kosten noch Leistungen darstellen und welche Zahlen der Kostenrechner zusätzlich in die KLR einfließen lassen will.

Eine der wichtigsten Erkenntnisse muss für Sie sein, dass der Kostenrechner, bzw. die Kostenrechnerin von Hause aus eine Schwarzmalerin ist. Diese Spezies Mensch verkörpert den Pessimismus. An sich mögen sie fröhliche Menschen sein, im Betrieb aber rechnen sie immer mit dem Schlimmsten. Und das tun sie – unglaublicher Weise – zum Vorteil ihres Arbeitgebers. Doch dazu später mehr.

Wir stehen also immer noch vor der Frage, welche Zahlen der Fibu in

Rechnungskreis I.				Rechnungskreis II.	
Erfolgsbereich				Kosten- und	
Geschäftsbuchführung, Kontenklassen 5, 6 und 7				Leistungsrechnung	
Konto 1	Kontenbezeichnung 2	Aufwendungen 3	Erträge 4	Kosten 9	Leistungen 10
5000	Umsatzerlöse eig. Erz.		10.370.950,00		
5100	Erlöse Handelswaren		398.500,00		
5202	Bestandsveränd.e.E.		197.200,00		

die KLR übernommen werden. Wir hinterfragen bei jedem Fibu-Wert, ob dessen Entstehen in direktem Zusammenhang mit dem eigentlichen

11

Betriebszweck stand. Anders ausgedrückt: Sind die Aufwendungen, Erträge und Erlöse dadurch entstanden, dass die „Fantastic Furniture OHG" mit Möbeln handelt und diese selbst produziert? Falls ja, so sind die Aufwendungen 1:1 in die Spalte ⑨ zu übernehmen. Wir sprechen in diesem Fall von *Grundkosten*, bzw. von *Aufwandsgleichen Kosten*, also solchen Kosten, die dem Aufwand gleich sind.

Ebenso verfährt man mit den Erlösen. Die „Erlöse eigene Erzeugnisse" in Höhe von € 10.370.950 und die „Erlöse Handelswaren" € 398.500 zeigen die Zahlen (die Umsätze), die wir im Rahmen des eigentlichen Betriebszwecks generieren konnten. So werden auch diese in die Kostenrechnung übernommen; und zwar in die Spalte ①⓪ „Leistungen".

Unter den Werten der Fibu finden Sie auch den Posten „Bestandsveränderungen". Der Fibu-Wert ist positiv und wird auf der gleichen Seite wie die Erlöse und Erträge genannt. Nun fragen Sie sich zurecht, wieso eine Bestandsveränderung denn den Gesamtgewinn erhöht. Ihr Fibu-Grundwissen voraussetzend versuchen Sie doch bitte einmal kurz nachzuvollziehen, welcher Buchungssatz dem

Konto ①	Kontenbezeichnung ②	Aufwendungen ③	Erträge ④		Kosten ⑨	Leistungen ①⓪
5000	Umsatzerlöse eig. Erz.		10.370.950,00			10.370.950,00
5100	Erlöse Handelswaren		398.500,00			398.500,00
5202	Bestandsveränd.e.E.		197.200,00			197.200,00
5400	Mietert.n.n.		7.200,00			

Geschäftsfall zu Grunde lag. Eine Bestandsveränderung wird immer ermittelt, wenn im Zuge der Inventur der Euro-Wert der (zum Beispiel) fertigen eigenen Erzeugnisse ermittelt wird. Liegt dieser Wert über dem

Anfangsbestand, der zu Beginn des Wirtschaftsjahres mit dem Buchungssatz „Eigene Erzeugnisse *an* Eröffnungsbilanzkonto" gebucht wurde, so muss die Veränderung der Bestände erfasst werden. Der Inventurwert ist dabei das Maß aller Dinge. Liegt nun der Inventurwert über dem Anfangsbestand, so muss es ja so sein, dass unsere Kollegen in der Fertigung mehr produzierten, als der Vertrieb hat verkaufen können. Der Lagerbestand wurde also um die genannten € 197.200,00 aufgebaut. Auch wenn diese Artikel nicht verkauft wurden, so haben die Kollegen der Fertigung dennoch eine Leistung erbracht. Und diese Leistung wird – wie bereits zuvor erläutert - in Euro bewertet in die entsprechende Spalte ⊡⊡ übertragen.

Zurück zu den Aufwendungen. Wir haben soeben definiert, welche Aufwendungen „Grundkosten" sind und somit 1:1 in die Kostenspalte übernommen werden. Das waren die, die durch den eigentlichen Zweck der Unternehmung entstanden sind. Doch welche stellen keine Grundkosten dar? Zum Beispiel die „Neutralen Erträge" und die „Neutralen Aufwendungen". Schon im Rechnungskreis I. werden sie als „neutral" behandelt. Als eben solche, die ein Nebeneffekt des Betriebes sind, aber nichts mit der eigentlichen Leistungserstellung zu tun haben.

Neutrale Erträge

Als erstes Beispiel sollen die „Mieterträge" gelten. Der Grund für die Buchungen auf dem Konto kann nur sein, dass wir einen Teil der uns zur Verfügung stehenden Räume an einen Dritten vermietet haben.

Wieder stellen wir uns die Frage: „Hat dieser Ertrag mit unserer eigentlichen betrieblichen Tätigkeit zu tun?" „Nein", spricht der Kostenrechner, „wir sind doch keine Wohnungsbaugesellschaft! Für diese wären es Leistungen, für uns sind sie es nicht und deshalb müssen diese auch neutralisiert werden."

Diese *Neutralisierung* erfolgt durch das Eintragen der Zahlen in die Felder der Spalte *Neutrale Aufwendungen* ⑤ und *Neutrale Erträge* ⑥ *(siehe hierzu den Ausriss auf der Folgeseite!)*.

Schauen wir nun auf die nächste Position, die „Erträge aus dem Abgang von Anlagevermögen". Dieses Konto wird im Rechnungskreis I. bebucht, wenn wir ein Anlagegut (zum Beispiel einen Lkw aus unserem Fuhrpark) zu einem höheren Preis verkaufen, als sein Restbuchwert zum Zeitpunkt des Verkaufes ist. Neutralisieren müssen wir diesen Ertrag, weil wir das Unternehmen nicht betreiben, um Anlagegüter mit Gewinn oder Verlust zu veräußern.

Genauso verhält es sich bei der Position der „Periodenfremden Erträge". Der Kostenrechner legt sein Augenmerk ausschließlich auf die Kosten und Leistungen, die in der aktuellen Periode entstanden sind. Die periodenfremden Erträge betreffen Geschäftsvorfälle, die aus einer anderen Periode, nicht aber der aktuellen stammen. Daher werden auch sie neutralisiert.

Periodengerechte Abgrenzung ist ein Muss.

Kommen wir nun zur nächsten Position, den „Erträgen aus anderen Finanzanlagen". Damit sind die Erträge gemeint, die uns aus der risikoreichen Aktien-Spekulation entstanden sind. Der Kostenrechner freut sich für das Unternehmen, hebt jedoch abwehrend die Hand und sagt „Nein! Diese Erträge haben nichts mit unseren Möbeln zu tun. Die übernehme ich nicht in die Spalte ⑩!" Recht hat er.

Betrachten wir als nächstes die „Zinserträge". Wieder müssen wir uns nach der Ursache des Entstehens fragen. Die Zinserträge sind ein – wie ich finde – einleuchtendes Beispiel. Würde unser Unternehmen die „ComIndirect Bank" sein, dann wären sie gleichzeitig eine betriebliche Leistung. Wenn nicht für eine Bank, für wen dann? Eben! Wir fertigen Wohnmöbel und sind *keine* Bank! Also haben diese Erträge nur Auswirkungen auf das steuerliche Ergebnis, nicht aber auf die KLR.

Konto [1]	Kontenbezeichnung [2]	Aufwendungen [3]	Erträge [4]	neutrale Aufwend. [5]	neutrale Erträge [6]
5000	Umsatzerlöse eig. Erz.		10.370.950,00		
5100	Erlöse Handelswaren		398.500,00		
5202	Bestandsveränd.e.E.		197.200,00		
5400	Mieterträge		7.200,00		7.200,00
5410	Erträge a.d.A.v.AV		13.500,00		13.500,00
5490	Periodenfr. Erträge		3.100,00		3.100,00
5600	Erträge a.a.Finanzanl.		2.530,00		2.530,00
5710	Zinserträge		1.720,00		1.720,00
5800	Außerord. Erträge		1.890,00		1.890,00
6000	Aufw. Rohstoffe	5.632.725,00			

Die „Außerordentlichen Erträge" sind selbsterklärend. Erträge, die uns nur aus einem ganz besonderen Grund zufließen. Sie haben nichts mit der eigentlichen, betrieblichen Leistungserstellung zu tun. Als Beispiel können Sie sich den Zufluss von in früheren Jahren abgeschriebenen Forderungen merken. Alle genannten Beispiele erhöhen das Ergebnis der Unternehmung nach Handels- und Steuerrecht. Für diese Erträge zahlen wir also alle anfallenden Steuern.

Die Konten 6000 bis 6300, 6710 bis 6870 und 7030 des Rechnungskreises I. zeigen Aufwendungen, die durch die Verfolgung des eigentlichen Betriebszwecks verursacht wurden. Ohne dass wir diese Gelder ausgegeben hätten, wäre keine Leistungserbringung möglich gewesen. Deshalb sind dies Aufwandsgleiche Kosten, die 1:1 in die Spalte ⑨ übernommen werden.

Lassen wir im Augenblick das Konto „Abschreibung" (6520) außer Acht und beschäftigen uns nun zuerst mit den zu neutralisierenden Aufwendungen. Im Rechnungskreis I. sprechen wir demzufolge von „Neutralen Aufwendungen".

Neutrale Aufwendungen

Auch diese müssen wir auf dem Weg in den Rechnungskreis II. neutralisieren. Sie mindern zwar das steuerliche Ergebnis, haben aber wieder einmal nichts mit der Fertigung unserer Produkte in der aktuellen Periode zu tun.

„Periodenfremde Aufwendungen" haben ihren Ursprung wie die „Periodenfremden Erträge" in einer *fremden Periode*; einem der früheren Wirtschaftsjahre. Da wir im RK II. nur Zahlen berücksichtigen, die in der aktuellen Abrechnungsperiode entstanden sind, werden sie in der Spalte ⑤ neutralisiert.

Auch die „Zinsaufwendungen" legen wir im Augenblick bei Seite und kümmern uns später darum. Weiter geht's mit dem Konto 7600  „Außerordentliche Aufwendungen". Das sind solche Aufwendungen, die quasi alle zehn oder zwanzig Jahre einmal anfallen. Manchmal auch noch seltener. Stellen wir uns einmal den außerordentlichen Fall vor, dass ein Teil unseres Fertigwaren-Lagers einem Feuerteufel zum Opfer fällt und wir - rein hypothetisch - vergessen haben, unsere Gebäude- oder

Konto [1]	Kontenbezeichnung [2]	neutrale Aufwend. [5]	neutrale Erträge [6]
5400	Mieterträge		7.200,00
5410	Erträge a.d.A.v.AV		13.500,00
5490	Periodenfr. Erträge		3.100,00
5600	Erträge a.a.Finanzanl.		2.530,00
5710	Zinserträge		1.720,00
5800	Außerord. Erträge		1.890,00
6990	Periodemfr. Aufwand	19.250,00	
7600	Außerord. Aufwand	7.702,00	
		26.952,00	29.940,00
		2.988,00	
		29.940,00	29.940,00
	Neutrales Ergebnis		
	2.988,00		

Geschäftsinhalts-Versicherung zu bezahlen. Sehr abstrakt, ich weiss. Rein steuerlich wirkt sich dieser Vorfall gewinnmindernd aus. Auch können wir uns des Mitgefühls unseres Kostenrechners sicher sein, jedoch lehnt er es ab, diesen außerordentlichen Vorgang in die KLR zu übernehmen und neutralisiert sie.

Gleiches macht er aus den bekannten Gründen mit „Spekulationsverlusten" und den „Verlusten aus dem Abgang von Anlagevermögen".

Werfen wir nun einen Blick auf den Ausriss der Ergebnistabelle, die die Zeilen mit den neutralen Aufwendungen und Erträgen zeigt. In den Spalten ⑤ und ⑥, die beide die „Unternehmensbezogene Abgrenzung" darstellen, wurden die Positionen neutralisiert. Bildet man nun die Spaltensummen und saldiert diese, erhält man das „Neutrale Ergebnis". Das Ergebnis, das durch die Neutralisierung der Positionen entstanden ist. Es lautet in unserem Beispiel auf € 2.988,00.

Die nächste Doppelspalte trägt die Überschrift „Kostenrechnerische Korrekturen". Sie müssen also einem anderen Zweck dienen, nämlich der Korrektur einzelner Beträge, nicht aber dem Neutralisieren. Am einfachsten ist es, Ihnen Beispiele zu nennen. Und so kehren wir zurück zu den Konten 7510 und 6520.

 Das *Neutralisieren* oder *Herausfiltern* der *betriebsfremden* Aufwendungen und Erträge erfolgt grundsätzlich in der Ergebnistabelle.

Zinsaufwand und kalkulatorische Zinsen

Nehmen wir zuerst die Position „Zinsaufwand" im Rechnungskreis I. Hierauf wurden alle Zinsen gebucht, die wir an Kreditinstitute zum Beispiel für einen eingeräumten Kontokorrent-Kredit (Dispo) oder für ein Darlehen bezahlt haben. Steuerrechtlich und handelsrechtlich wirken sich diese steuermindernd aus. „Betriebsnotwendig" ist das Fremdkapital, das wir zum Beispiel für die Finanzierung einer

Fertigungshalle haben aufnehmen müssen. Oder die Kontokorrent-Zinsen für den Teil unseres Dispo-Kredits, den wir benötigen, um verspätete Debitoren-Zahlungen abzufedern oder um spontane Rohstoff-Einkäufe zu tätigen. Nur diese Zinsen gelten als „betriebsnotwendig". Der restliche Zinsaufwand wird in der Ergebnistabelle herausgefiltert. Und dies tun wir mit Hilfe der Spalten ⑦ und ⑧. Auf dem Weg in die KLR müssen wir also vorsichtig sein. Der Kostenrechner wacht mit Argusaugen über unser Tun. Deshalb stellen wir uns die Frage: „Hat dieser Aufwand mit der betrieblichen Leistungserstellung zu tun?" „Ja!", können wir antworten, nachdem wir dies überprüft haben. „Alle gezahlten Zinsen waren betriebsnotwendig!" Und so können Sie auch diesen Wert (€ 65.980,00) als „Aufwandsgleiche Kosten" in die Spalte ⑨ übertragen.

Auch wenn wir in unserem Fall einen tatsächlichen Zinsaufwand hatten, so kann es sein, dass ein Unternehmen so solide dasteht, dass es kein Fremdkapital benötigt, sondern der Unternehmer Holz private

Geldmittel zur Verfügung stellt. Nehmen wir an, Herr Holz verfügt über ein beträchtliches Privatvermögen, welches ihm bei seiner Hausbank kaum Zinsen beschert. Als Unternehmer ist ihm aber absolut klar, dass die „Fantastic Furniture OHG" zusätzlich zu dem Fremdkapital der Hausbank weiteres Kapital benötigt. Bei Investition, sei es in Gebrauchs- oder aber auch in Verbrauchsgüter, erscheinen diese schon auf den ersten Blick als *betriebsnotwendig*. Wir beziffern diesen zusätzlichen Kapitalbedarf einmal auf € 480.000,00. Herr Holz erhält keinerlei Zinszahlung von uns. Diese müsste er im Gegenzug im Rahmen seiner Einkommensteuer-Erklärung angeben; und das würde keinen steuerlichen Nutzen bringen.

Der Kostenrechner aber will eine Zinsbelastung im RK II. sehen. Seine Argumentation: Wenn Herr Holz – und das ist sein gutes Recht – das *betriebsnotwendige* Fremdkapital aus dem Unternehmen abziehen will, stehen wir vor einem Problem. Wir müssten uns das Geld bei einer Bank *zum marktüblichen* Zins, der zurzeit bei gut 8,5% liegt, leihen.

Da also für diesen Betrag keine Zinszahlung im RK I. zu finden ist, wir diese eventuell anfallenden Kosten einplanen wollen, berücksichtigen wir diese *kalkulatorischen Zinsen* wie folgt: *Betriebsnotwendiges Fremdkapital* € 480.000,00 • *marktüblichen Zinssatz* 8,5% = € 40.800,00 pro Jahr. Da diesen – wie gesagt – keine Buchung im RK I. gegenüber stehen, bleiben diese Spalten leer und wir erfassen den Wert nur in den Spalten ⑧ und ⑨. Auch dies sind Kosten, die *zusätzlich* zu den Zahlen der Fibu entstehen: *Zusatzkosten*.

Kalkulatorische Abschreibung

Kommen wir nun zum Konto 6520 „Abschreibung". Laut Gesetzgeber durften wir unsere „Holzfräse Fortuna", deren endgültige Anschaffungskosten bei € 22.932,00 liegen, über einen Zeitraum von 10 Jahren linear abschreiben. Die jährliche Abschreibung in Höhe von 10% wurde von den Anschaffungskosten ermittelt und Gewinn mindernd gebucht. Diese € 2.293,20 stecken in dem Gesamtbetrag der „Abschreibungen auf Sachanlagen". In der Kostenrechnung berücksichtigen wir jedoch einen *anderen* Wert als den der bilanziellen Abschreibung. Dem Kostenrechner kommt es darauf an, dass wir bis zu dem Zeitpunkt, an dem wir eine neue Fräse kaufen müssen, über die betrieblichen Leistungen genügend Geld verdient haben, um dies zu schaffen. Er rechnet also anders:

Aus seiner Erfahrung heraus weiss er, dass sich der Kaufpreis bis zur tatsächlichen Wiederbeschaffung der Fräse um 10% erhöhen wird. Weil wir ja das Geld bis dahin verdienen müssen, rechnet er daher mit Wiederbeschaffungskosten in Höhe von € 25.225,20. Zudem unterstellt er, dass die alte Fräse immer noch - wenn auch zu einem recht niedrigen Preis - verkauft werden kann. Die aktuellen Marktpreise ergeben einen realistischen Verkaufspreis von netto € 2.000,00. Also saldiert er die geplanten Wiederbeschaffungskosten und den Verkaufspreis des Anlagegutes und kommt auf den Betrag (€ 23.225,20), der verdient werden muss.

Rechnungskreis I.				
Erfolgsbereich				
Geschäftsbuchführung, Kontenklassen 5, 6 und 7				Unternehmensbez.
Konto [1]	Kontenbezeichnung [2]	Aufwendungen [3]	Erträge [4]	neutrale Aufwend. [5]
5000	Umsatzerlöse eig. Erz.		10.370.950,00	
5100	Erlöse Handelswaren		398.500,00	
5202	Bestandsveränd.e.E.		197.200,00	
5400	Mieterträge		7.200,00	
5410	Erträge a.d.A.v.AV		13.500,00	
5490	Periodenfr. Erträge		3.100,00	
5600	Erträge a.a.Finanzanl.		2.530,00	
5710	Zinserträge		1.720,00	
5800	Außerord. Erträge		1.890,00	
6000	Aufw. Rohstoffe	5.632.725,00		
6020	Aufw. Hilfsstoffe	128.210,00		
6030	Aufw. Betriebsstoffe	16.844,00		
6150	Vertriebsprovisionen	98.380,00		
6160	Fremdinstandhaltung	62.440,00		
6200	Löhne	1.975.690,00		
6300	Gehälter	497.240,00		
6520	Abschreibung	297.300,00		
6710	Leasing (Kfz)	46.990,00		
6800	Büromaterial	8.965,00		
6870	Werbung	45.703,00		
6990	Periodemfr. Aufwand	19.250,00		19.250,00
7030	Kfz-Steuer	1.980,00		
7510	Zinsaufwendungen	65.980,00		
7600	Außerord. Aufwand	7.702,00		7.702,00
	kalkul. Abschreibung			
	kalkul. Zinsen			
	kalkul. Miete			
	kalkul. Unternehmerl.			
	kalkul. Wagnisse			
		8.905.399,00	10.996.590,00	26.952,00
		2.091.191,00		2.988,00
		10.996.590,00	10.996.590,00	29.940,00
		Gesamtergebnis		Neutrales Ergebnis
		2.091.191,00		2.988,00

Rechnungskreis II.				
Abgrenzungsbereich			Kosten- und	
Abgrenzung	Kostenrechn. Korrekturen		Leistungsrechnung	
neutrale Erträge [6]	Aufwand [7]	verr.Kosten [8]	Kosten [9]	Leistungen [10]
				10.370.950,00
				398.500,00
				197.200,00
7.200,00				
13.500,00				
3.100,00				
2.530,00				
1.720,00				
1.890,00				
			5.632.725,00	
			128.210,00	
			16.844,00	
			98.380,00	
			62.440,00	
			1.975.690,00	
			497.240,00	
	297.300,00			
			46.990,00	
			8.965,00	
			45.703,00	
			1.980,00	
	65.980,00			
		328.560,00	328.560,00	
		53.980,00	53.980,00	
		64.800,00	64.800,00	
		93.600,00	93.600,00	
		6.000,00	6.000,00	
29.940,00	363.280,00	546.940,00	9.062.107,00	10.966.650,00
	183.660,00		1.904.543,00	
29.940,00	546.940,00	546.940,00	10.966.650,00	10.966.650,00

Kostenrechn. Korrekturen	Betriebsergebnis
183.660,00	1.904.543,00

23

Sie erinnern sich, dass der RK I. alle Werte gemäß Handels- und Steuerrecht ausweist; der RK II. hingegen eine – quasi – betriebsinterne Rechnung darstellt. Dem Kostenrechner kann es also ziemlich egal sein, welche Nutzungsdauer die AfA-Tabelle für die Fräse vorsieht. In unserem Fall waren das ja zehn Jahre. Für ihn ist wichtig, wie lange sich die Maschine *üblicherweise* in unserem *Betrieb* nutzen lässt. Man spricht von der „Betriebsüblichen Nutzungsdauer". In unserem Beispiel sind dies acht statt der zehn Jahre. Ergo: Dem Betrieb muss es also gelingen, innerhalb von acht Jahren einen Betrag

In der KLR: Kalkulatorische AfA auf Wiederbeschaffungskosten

von € 23.225,20 für die Wiederbeschaffung zu erwirtschaften. Wir setzen also im RK II. nicht eine jährliche Abschreibung von € 2.293,20 an, sondern *kalkulieren* so, dass wir € 23.225,20 durch die betriebsübliche Nutzungsdauer (8 Jahre) teilen und in die Kostenspalte ⑨ € 2.903,15 übernehmen. Diesen Betrag nennen wir „Kalkulatorische Abschreibung". Zudem handelt es sich um „Anderskosten", weil der Betrag im RK II. ein *anderer* ist als im RK I. Um die Zeile korrekt zu füllen, erfassen wir die *bilanzielle Abschreibung* aus Spalte ③ unter „Aufwand" (Spalte ⑦) und die *kalkulatorische Abschreibung* ein weiteres Mal in Spalte ⑧ unter *verrechnete Kosten*.

Sie sehen, dass in der KLR ein anderer Betrag genannt wird als im Rechnungskreis I.; ein „anderer Betrag", also „Anderskosten".

Kalkulatorische Miete

Der Gesellschafter und Geschäftsführer Felix A. Holz stellt dem Unternehmen eine Fertigungshalle mit einer Grundfläche von 1.200m² zur Verfügung, die sich in seinem Privatbesitz befindet. Wieder müssen wir schauen und überprüfen, ob wirklich die gesamte Fläche der Fertigungshalle *betrieblich notwendig* ist und wir diese also komplett für die Herstellung von Wohnmöbeln benötigen. Ist dies nicht der Fall, müssen wir einen Teil herausrechnen. Wir gehen aber einmal davon aus, dass 100% der Fläche erforderlich sind.

Im Rechnungskreis I. finden wir keinen Mietaufwand, da wir an den Unternehmer keine Miete bezahlen. Das wäre steuerlich unsinnig, weil

die „Fantastic Furniture OHG" diese zwar steuermindernd buchen könnte, Herr Holz aber seinerseits diese „Einkünfte aus Vermietung und Verpachtung"

versteuern müsste. Nichtsdestotrotz sagt Ihnen der Kostenrechner im Gespräch: „Mir ist klar, dass Herr Holz von uns keine Miete bekommt. Was aber wäre, wenn er sein Eigentum für andere Zwecke nutzen will? Dann müssten wir uns eine in etwa gleichgroße Halle anmieten. Und diese *kalkulierte Miete* will ich in die KLR übernehmen. Nur für den Fall der Fälle".

Diese „Kalkulatorische Miete" wird so berechnet, dass man die *betriebsnotwendige* Fläche mit dem *ortsüblichen Mietzins* multipliziert. Nach unserer Recherche liegt der Quadratmeterpreis für Gewerbeimmobilien bei zurzeit € 4,50. Wir multiplizieren also die

1.200m² mit € 4,50 und kennen nun die kalkulatorische Miete: € 5.400,00; multipliziert mit 12 erhalten wir den Jahreswert € 64.800,00.

Diesem kalkulatorischen Wert steht kein Wert im RK I. (Spalte ③) gegenüber. Eben, weil wir an Herrn Holz *keine* Miete bezahlt haben. Aber wir wollen den Wert in der Kosten-Spalte ⑨ haben. Gemäß unseres Merksatzes muss aber jeder Wert *zumindest in Summe* ein zweites Mal in der Zeile erscheinen. Und das erreichen wir, indem wir die € 64.800,00 in die Spalte ⑧ „Kostenrechnerische Korrekturen" eintragen. Diese Kosten entstehen *zusätzlich* zu den Werten in der Fibu. Deshalb bezeichnet man sie auch als *Zusatzkosten*.

Kalkulatorischer Unternehmerlohn

Kommen wir nun zur nächsten Position, der kein Wert im RK I. gegenüber steht. Der *Lohn*, der eigentlich unserem *Unternehmer* zustehen würde. Entsprechend seiner Qualifikation müssten wir für einen gleichwertigen Ersatz pro Monat ein *marktübliches Gehalt* von brutto € 6.500,00 bezahlen. Hinzu kämen noch die Arbeitgeberanteile zur Sozialversicherung, die wir mit rund 20% (€ 1.300,00) ansetzen müssen. Die Gesamtbelastung läge also pro Monat bei € 7.800,00. Multipliziert mit zwölf Monaten ergäbe dies € 93.600,00 für ein Wirtschaftsjahr. Aber auch bei dieser Position haben wir das Problem, dass wir keinen entsprechenden Wert in der Fibu finden. Weil Herr Holz ja eben *kein* Gehaltsempfänger ist, sondern von den ausgeschütteten Gewinnen leben muss.

Sollte Herr Holzes aber vorziehen, seinen Lebensabend in Ruhe genießen zu wollen oder er muss aus gesundheitlichen Gründen ausscheiden, so wären wir mit dem vorgenannten Problem der Fremdbesetzung konfrontiert. Und für den Fall der Fälle möchte der Kostenrechner diese *mögliche* Belastung berücksichtigen; er trägt diese also in die Spalten ⑧ und ⑨ der Zeile „Kalkulatorischer Unternehmerlohn" ein.

Kalkulatorische Wagnisse

Beschäftigen wir uns zuletzt mit anderen *Wagnissen*, die ein Unternehmen tangieren können, es aber nicht zwingend müssen. Diese *kalkulatorischen Wagnisse*, die für die „Fantastic Furniture" eine enorme Kostenbelastung darstellen können, möchte der Kostenrechner berücksichtigt wissen. „Welche Wagnisse berücksichtigen wir denn im Rechnungskreis II.?", fragt eine Ihrer Mitauszubildenden. Ihr Vorgesetzter setzt an, um Ihnen beiden die umfangreiche Welt der Wagnisse zu erklären:

„Mit ein bisschen Routine kommen sie selbst darauf. Es sind alle Risiken, die die „Fantastic Furniture" zu tragen hat. Zum Beispiel das *Beständewagnis*. Damit sind die Gefahren gemeint, denen unser Stoffe- und das Fertigwarenlager ausgesetzt sind. Kosten, die durch Diebstahl, Beschädigung oder anderen Totalverlust anfallen können. Ebenso sind es die so genannten *Forderungswagnisse*. Auch selbsterklärend: Unser Risiko, dass ein Teil der Kundenforderungen nicht bezahlt wird und wir darauf sitzen bleiben. Außerdem gehen wir ein *Wagnis aus*

Wechselkursversprechen ein. Dann nämlich, wenn wir zum Beispiel unserem Kunden Living & More in Las Vegas ein Angebot in US-Dollar zukommen lassen, das eine Laufzeit von 6 Monaten hat. In

 dieser Zeit kann sich am Devisenmarkt viel tun und wir müssten eventuell einen Währungsverlust hinnehmen. Das letzte wichtige ist das *Wagnis aus Forschung und Entwicklung.* Weniger für unser Unternehmen, aber denken sie nur an die Pharmaindustrie. Wenn dort an einem neuen, sagen wir Aids-Medikament geforscht wird, verschlingt das Abermillionen. Und niemand dort weiss, ob die Forschung ein Medikament hervorbringt, das auch wirklich Heilung bringt und niemand weiss, ob es letztendlich auch eine Zulassung bekommt.

Für all diese *Wagnisse* müssen wir eine Position in der Ergebnistabelle bilden. Für den Fall eben, dass solche Dinge auch bei uns geschehen. Den Wert bilden wir aus unserer Erfahrung heraus. Rückblickend auf die vergangenen zehn Jahre kann man sagen, dass wir per anno im Durchschnitt mit € 6.000,00 konfrontiert waren. Und diesen Betrag müssen wir auf unsere Verkaufspreise umlegen, denn die müssen so gestaltet sein, dass - auch im *worst case* – alle zu erwartenden Risiken abgedeckt sind. Nachdem wir nun auch dieses Wagnis berücksichtigt haben, bilden wir für jede der Spalten *Aufwand* (7) und *verrechnete Kosten* (8) eine Summe und ermitteln den Saldo."

Soweit der Monolog des Kostenrechners. Doch Recht hat er. Am Ende seiner Ausführungen hat er es auf den Punkt gebracht: Die Kostenrechnung ermöglicht es, unter Berücksichtigung aller in Frage kommenden Risiken, unsere Verkaufspreise so zu gestalten, dass wir zumindest eine Deckung der Kosten, optimaler Weise einen Gewinn erwirtschaften.

Konkurrierende Unternehmen aus unserer Branche müssen zum Beispiel einen Geschäftsführer beschäftigen und bezahlen. Oder sie müssen eine Gewerbefläche pachten, um produzieren zu können. Auch sie müssen mit Wagnissen leben und diese bezahlen können. Wenn also auch sie unter gleichen Risiken und Umständen fertigen und wir diese Posten zumindest als latentes Risiko einplanen, dann müssen unsere Preise eigentlich zwingend *marktgerecht*, das heißt, konkurrenzfähig sein.

Nun haben Sie gelernt, welche Zahlen des RK I. als *Grundkosten* oder *aufwandsgleiche Kosten* bezeichnet werden und dass sie in die Spalte ⑨ der Tabelle übernommen werden. *Betriebliche Leistungen* wie Erlöse und positive Bestandsveränderungen kommen in die Spalte ①⓪. Wir neutralisieren *betriebsfremde* bzw. *nicht betriebsbedingte Aufwendungen und Erträge* in den Spalten ⑤ und ⑥. Im Falle von *Anderskosten* passen wir diese in den Spalten ⑦ und ⑧ an. *Zusatzkosten* wie die *kalkulatorischen Kosten* werden zusätzlich nur in der Spalte ⑧ eingetragen.

Das Betriebsergebnis und die Wirtschaftlichkeit

Addieren wir nun die Werte der Spalten Kosten (⑨) und Leistungen (①⓪) und ermitteln dann den Saldo, erhalten wir das Ergebnis der *betrieblichen* Leistungserstellung. Und dieses heißt *Betriebsergebnis*. Neben dieser Kennziffer können wir anhand der gebildeten Summen noch eine weitere, mindestens genauso wichtige Zahl errechnen: Die *Wirtschaftlichkeit*. Dafür teilen wir die Summe der *Leistungen* durch die Summe der *Kosten*. Der errechnete Wert sollte ≥ 1 sein, die Leistungen sollten also mindestens die *Kosten decken*. Es sollte somit zumindest *Kostendeckung* erreicht werden.

Anhand unserer Beispiel-Ergebnistabelle rechnen wir also wie folgt:

<u>Leistungen € 10.966.650,00</u>
Kosten €   9.062.107,00

= <u>Wirtschaftlichkeit 1,21</u>

Der Wert ist größer/gleich (≥) 1, also ist die Wirtschaftlichkeit des Betriebes gegeben.

 Die Berechnung der *Wirtschaftlichkeit* erfolgt, indem man die *Summe der Leistungen* durch die *Summe der Kosten* teilt.

Kostenartenrechnung

Wieder ist der Begriff selbsterklärend. In der Kosten*arten*rechnung geht es um die Unterscheidung der Kosten nach ihren *Arten.* Zum einen besteht die Möglichkeit, diese nach Art des Verbrauchs von Produktionsfaktoren zu unterscheiden. Diese sind – Sie erinnern sich – Kapital, Arbeit, Boden/Umwelt und Dienstleistung. Daher unterscheiden wir wie folgt:

- Materialkosten *(Roh-, Hilfs-, Betriebsstoffe und Waren)*
- Personalkosten *(Löhne, Gehälter, Arbeitgeberanteile SV, Berufsgenossenschaft usw.)*
- Dienstleistungskosten *(Steuerberater, Webhost, Gebäudereiniger usw.)*
- Steuern, Gebühren *(betriebliche Steuern, Gebühren für Handwerkskammer oder IHK usw.)*
- Betriebsmittelkosten *(zum Beispiel die Kosten für AfA, Energie und Wartung von Maschinen)*

Eine andere Unterscheidungsmöglichkeit der Kosten ist die nach der betrieblichen Funktion

- Beschaffungskosten *(Kosten, die durch Einkauf entstehen)*
- Fertigungskosten *(Kosten, die innerhalb der Fertigung entstehen)*
- Vertriebskosten *(Kosten, die durch den Vertrieb der Waren und eigenen Erzeugnisse entstehen)*

- Verwaltungskosten *(Kosten, die durch die Verwaltung des Betriebes entstehen)*

Außerdem können wir diese noch nach der Art der Verrechnung aufteilen. Folgende beide Arten unterscheiden wir:

- Einzelkosten
- Gemeinkosten

Dies sind für Sie wahrscheinlich gänzlich neue Begriffe. Deshalb möchte ich sie an dieser Stelle erklären.

Einzelkosten sind die Kosten, die dem *einzelnen Produkt* oder, anders ausgedrückt, einem *einzelnen Kostenträger* zugeordnet werden können. Stellen wir zum Beispiel in unserem Betrieb eine bestimmte Zahl eines Wohnmöbels her, so können wir exakt bestimmen, welche Kosten durch den Materialeinsatz und welche Kosten durch den Personaleinsatz verursacht wurden. Diese *direkt zuordenbaren* Kosten nennt man *Einzelkosten.* Hierzu zählen auch die Sondereinzelkosten (SEK) der Fertigung *(Spezielle Werkzeuge, die wir für ein spezielles Produkt benötigen)* und/oder Sondereinzelkosten des Vertriebs *(zum Beispiel im Maschinenbau eine spezielle Übersee-Verpackung).*

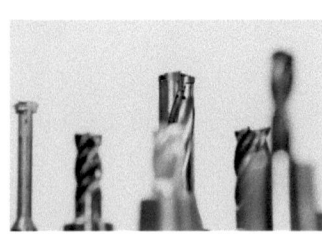

Spezialwerkzeug für nur eine Möbelserie sind Sondereinzelkosten der Fertigung

Gemeinkosten hingegen sind die Kosten, die wir *keinem einzelnen Produkt* oder einem *einzelnen Kostenträger* zuordnen können. Diese müssen wir den betrieblichen *Kostenstellen* auf eine andere Weise, nämlich mit Hilfe des *Betriebsabrechnungsbogens (BAB)* zuordnen.

Eine weitere wichtige Unterscheidung erfolgt danach, ob das Entstehen der Kosten davon abhängig war, welche Menge an Möbelstücken gefertigt wurde. Für diese *Menge* wird in der Kosten- und Leistungsrechnung ein anderer Begriff verwendet, den der *Beschäftigung*.

Er darf nicht mit der *Kapazität* unseres Betriebes verwechselt werden. Die *Kapazität* sagte aus, wie viele Möbelstücke wir mit den gegebenen *Produktionsfaktoren* herstellen könnten. Wenn wir also mit dem vorhandenen Personal und den vorhandenen Maschinen eine Leistung von 100% fahren. Erreichen wir diese 100%, so sprechen wir von der *Kapazitätsgrenze unseres Betriebes*. Angenommen, die Grenze liegt bei 4.000 Stück Möbeln und wir würden im aktuellen Monat 3.000 Möbelstücke hergestellt haben, so wäre unsere *Kapazitätsauslastung* bei 75%.

Es gibt also solche Kosten, die, unabhängig davon, wie hoch die *Beschäftigung* war, das *Betriebsergebnis* immer in gleicher Höhe belasten. Das sind zum Beispiel Leasinggebühren für unseren Fuhrpark oder die Pacht für eine Lagerhalle. Beide fallen monatlich an. Egal, ob wir in der Fertigung einen Handschlag tun oder nicht. Diese stehen fest und sind *fixe Kosten*. Beachten Sie, dass oftmals auch die Löhne zu den fixen Kosten gezählt werden. Die Argumentation ist folgende: Wie die Gehaltsempfänger, deren Bezüge ja fix zu zahlen sind, haben auch die Lohnempfänger Anspruch auf den vertraglich vereinbarten Lohn. Ebenso stehen die monatlich zu leistenden Stunden fest. Somit sind auch diese Kosten ein *fixer Bestandteil*.

An dieser Grafik können Sie den Verlauf der Kosten nachvollziehen. Als Beispiel sollen hier die *fixen Kosten*, die durch die *Kalkulatorische Miete* von monatlich € 5.400,00 dienen. Diese sind und bleiben *unabhängig von der Beschäftigung* immer gleich hoch.

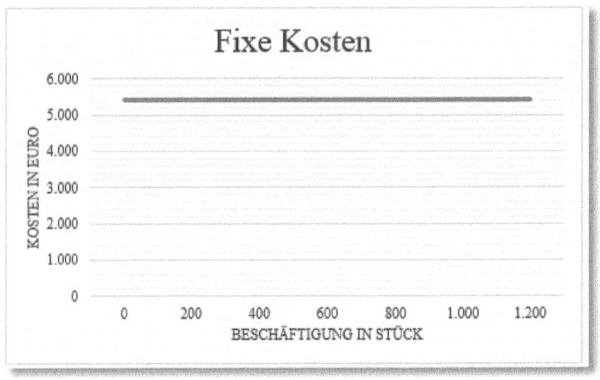

Nachdem wir nun den Kostenverlauf der fixen Kosten kennengelernt haben, schauen wir uns an, was passiert, wenn wir uns über eine *zunehmende Beschäftigung* freuen können. Diese *fixen Stückkosten* (also die fixen Kosten pro produziertes Möbelstück) sinken, je mehr Möbel hergestellt werden. Unterstellen wir einmal, dass wir mit einer anfänglichen Beschäftigung von 100 Stück ausgehen, dann ist es so, dass pro Möbelstück ein *Fixkostenanteil* an der Pacht von € 54,00 veranschlagt werden muss. Produzieren wir 200 Exemplare, so sinken die *fixen Stückkosten* auf nur noch € 27,00. Bei einer maximal möglichen *Beschäftigung* von 1.200 Stück verbleiben noch € 4,50 an fixen Kosten pro Stück. Dieser Sachverhalt wird auch als *Fixkostendegression* bezeichnet.

Man spricht auch von einem *degressiven Kostenverlauf.* Bei geringer Stückzahl sind die fixen Kosten sehr hoch, mit zunehmender Beschäftigung werden sie weiter minimiert, erreichen aber niemals € 0,00!

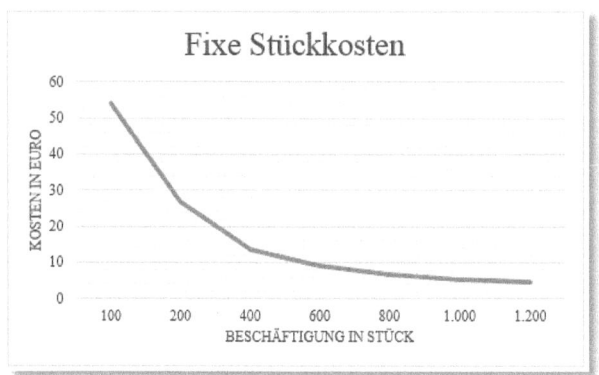

Unterstellen wir einmal, dass die vom Unternehmer zur Verfügung gestellte Halle bis zu einer gewissen *Beschäftigungsgröße* ausreicht und wir ab einer *Beschäftigung* von 4.000 Stück eine weitere, gleich große und gleich teure Halle hinzumieten müssen. Dadurch machen unsere *fixen Kosten* einen *Sprung*. Und so sprechen wir von *sprungfixen Kosten*.

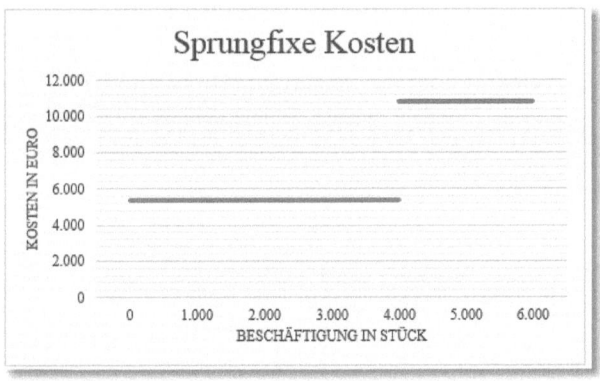

Das Gegenstück zu den *fixen Kosten* sind die *variablen Kosten*. Diese entstehen mit der Fertigung eines Stückes Möbel. Zu den *variablen Kosten* zählen zum Beispiel das *Fertigungsmaterial* und die *Fertigungslöhne*. Diese sind *beschäftigungsabhängig*. Produzieren wir „0" Stück, so fallen auch keine variablen Kosten an. Fertigen wir jedoch ein Möbelstück, entstehen uns für Material und Löhne *variable Stückkosten* in Höhe von € 150,00. Bei einer *Beschäftigung* von zwei Stück sind das dann insgesamt € 300,00 an *variablen Gesamtkosten* usw. Die Grafik verdeutlicht Ihnen den so genannten *proportionalen Kostenverlauf*.

Fixe Kosten fallen *unabhängig von der Beschäftigung* an. Die *fixen Stückkosten* nehmen mit zunehmender Beschäftigung ab.

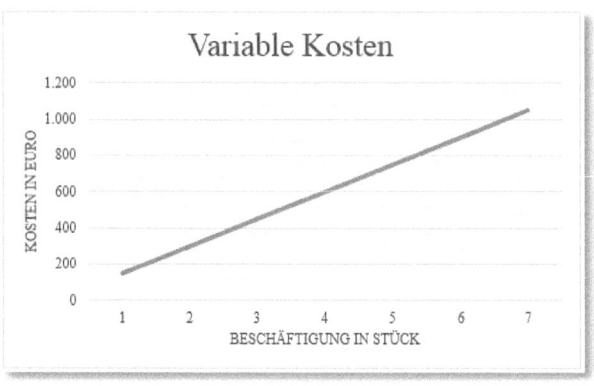

Ohne die ganze Sache noch komplizierter machen zu wollen, sei mir der Hinweis auf die Existenz der so genannten *Mischkosten* gestattet. An sich wieder ein „selbsterklärender" Name, denn diese Kosten stellen eine *Mischung aus fixen und variablen Kosten* dar. Zum Beispiel die Energiekosten. Zum einen berechnet der Stromlieferant eine Gebühr für die Nutzung des Stromzählers (fix pro Jahr). Zum anderen werden uns verbrauchsabhängige Stromkosten (variabel) in Rechnung gestellt. Deshalb spricht man hier von *Mischkosten*.

Neben der oben dargestellten, typischen Entwicklung der *variablen Kosten* kann es aber auch zu einer anderen kommen. Die auf der Folgeseite dargestellte Variante tritt ein, wenn wir die *Beschäftigung* in unserem Betrieb weiter vorantreiben wollen, um zum Beispiel die *fixen Stückkosten* zu minimieren.

Dieser Grundgedanke ist ja auf keinen Fall als schlecht von der Hand zu weisen. Dennoch kann es bei einem größeren *Output* im Fertigungsbereich zu anderen Problemen kommen.

Abgesehen davon, dass die Arbeitsbelastung der Mitarbeiterinnen und Mitarbeiter in der Fertigung so sehr steigen können, dass diese an ihre körperlichen und psychischen Grenzen stoßen, kann dies auch mit sich bringen, dass wir mit einem größeren Ausschuss rechnen müssen. Fräsen und Bohrmaschinen arbeiten bei einem höheren Tempo nicht zwingend sauberer. Und den Maschinen schneller zugeführte Holzplatten können vielleicht einmal mehr anstoßen und müssen dann ausgemustert werden. Wenn das eintritt, ist ein *überproportionaler Kostenanstieg* wahrscheinlich. Dieser wird grafisch wie folgt dargestellt.

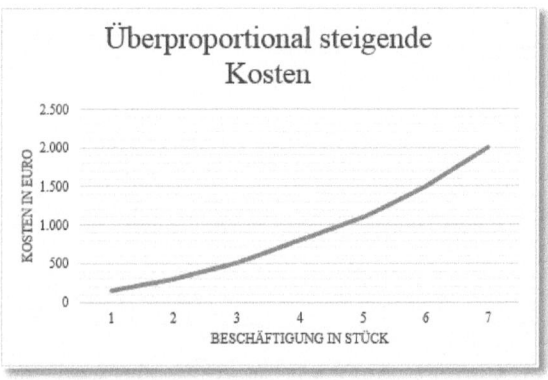

Ergo: Eine höhere *Beschäftigung* muss nicht zwingend wirtschaftlich sein.

Kostenstellenrechnung

Nachdem wir uns ausführlich mit den *Arten der Kosten* beschäftigt haben, ist es an der Zeit, voller Zuversicht an den zweiten Bereich der Kostenrechnung heranzugehen; die *Kostenstellenrechnung*. Also die Rechnung, deren Aufgabe es ist, festzustellen, an welcher *Stelle*, an welchem Ort im Betrieb die Kosten entstanden sind. Den Begriffen *Stelle* oder *Ort* kann man die *Hauptabteilungen unseres Betriebes* gleichsetzen. Das sind bei einem Fertigungsbetrieb, wie der „Fantastic Furniture OHG" die

- Hauptkostenstelle Material
- Hauptkostenstelle Fertigung
- Hauptkostenstelle Verwaltung
- Hauptkostenstelle Vertrieb.

Wenn es dann also in einem Fertigungsbetrieb *Haupt*kostenstellen gibt, kann man zurecht den Eindruck gewinnen, es müsse auch andere geben. Richtig! Das sind die so genannten *Hilfskostenstellen*. Angenommen, das Unternehmen hält eine Betriebskantine vor, so entstehen dort Kosten, die nicht *direkt* einer der Hauptkostenstellen zugeordnet werden können.

Hauptkostenstelle Material

Dieser Kostenstelle werden alle Kosten zugeordnet, die durch die Beschaffung und die Lagerung von Rohstoffen, Hilfsstoffen, Betriebsstoffen und von Handelswaren entstehen. Das sind also zum Beispiel die Personalkosten des Einkaufs und des Stoffe- und Warenlagers, die entsprechenden Raumkosten, Versicherungsprämien, die Abschreibungen auf Lagereinrichtungen und Gabelstapler usw.

Hauptkostenstelle Fertigung

In dieser Kostenstelle entsteht in einem Fertigungsbetrieb üblicherweise der größte Teil der Kosten. Sie werden dies

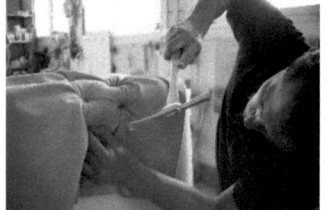

nachvollziehen können, wenn Sie an die oftmals sehr teuren Fertigungsanlagen der Möbelindustrie denken. Großsägen, Fräsen, Durchlaufpressen, Absauganlagen verursachen neben den kalkulatorischen Abschreibungen auch einen erheblichen Teil der Energiekosten. Ebenso sind hier die Personalkosten (*Fertigungslöhne*) und die Raumkosten sehr hoch.

Hauptkostenstelle Verwaltung

In der Verwaltung unseres Betriebes fallen Kosten durch die Geschäftsführung, die Mitarbeiter der Lohn- und Finanzbuchhaltung und der für allgemeine Verwaltungsaufgaben an. In kleinerem Maße

Raumkosten und auch kalkulatorische Abschreibungen für die dort vorhandenen Büromöbel und EDV-Geräte.

Hauptkostenstelle Vertrieb

An diesem *Ort* wird dafür gesorgt, dass die von uns produzierten Wohnmöbel im Handel platziert oder direkt an die Endverbraucher

 veräußert werden. Neben den Personalkosten der Vertriebsmitarbeiter haben wir es auch mit Vertriebsprovisionen, Kosten der Messepräsentation und nicht zuletzt den Kosten zu tun, die durch das *Fertigwarenlager* entstehen. Die Kosten dieses Lagers dürfen Sie nicht der *Hauptkostenstelle Material* zurechnen!

Zuordnung der Kosten zu den Kostenstellen

Die in den Spalten ⑨ und ⑩⓪ unserer *Ergebnistabelle* genannten Kosten wollen wir nun also den Hauptkostenstellen *verursachungsgerecht* zuordnen. Wir müssen dies mit allen Werten tun, einschließlich der ermittelten *kalkulatorischen Kosten.*

Ordnet man den *Kostenträgern* (eigenen Erzeugnissen oder Handelswaren) die *variablen* und die *fixen Kosten* zu, so spricht man von der *Vollkostenrechnung.*

Zuerst müssen wir die Werte herausfiltern, die wir als *Einzelkosten* bezeichnen. Eben *die* Kosten, die wir den einzelnen Produkten (*Leistungen*) *direkt* zuordnen können. Nur die *Gemeinkosten*, die einer einzelnen betrieblichen Leistung *nicht direkt zugeordnet werden können*, werden über den BAB auf die Hauptkostenstellen verteilt. In unserem Falle sind dies die *Aufwendungen Rohstoffe* und die *Aufwendungen für Hilfsstoffe*, sowie die *Löhne*. Diese sind *direkt zuordenbar*, weil das eingesetzte Material, sowie die Lohnkosten je Möbelstück fest stehen.

Der Betriebsabrechnungsbogen (BAB)

Man könnte nun eine Rechenmaschine nehmen, kreativ multiplizieren und dividieren und sich die Zwischen- und Endergebnisse in einer Loseblatt-Sammlung notieren. Das macht aber wenig Sinn, weil die Berechnungen immer nachvollziehbar und an etwaige betriebliche Veränderungen angepasst werden müssen.

 Der *Betriebsabrechnungsbogen* ermöglicht es, die **Gemeinkosten** auf die einzelnen *Kostenstellen* zu verteilen.

Deshalb nimmt man zur Verteilung der Kosten auf die einzelnen *Hauptkostenstellen* den *Betriebsabrechnungsbogen (BAB)* zu Hilfe. Und so sieht diese für den Monat Dezember aus:

Betriebsabrechnungsbogen der "Fantastic Furniture GmbH" per 31.12.2015							
				Hauptkostenstellen			
Konto	Kontenbezeichnung	Kosten	Verteilung	Material	Fertigung	Verwaltung	Vertrieb
6030	Aufw. Betriebsstoffe	16.844,00					
6150	Vertriebsprovisionen	98.380,00					
6160	Fremdinstandhaltung	62.440,00					
6300	Gehälter	497.240,00					
6710	Leasing (Kfz)	46.990,00					
6800	Büromaterial	8.965,00					
6870	Werbung	45.703,00					
7030	Kfz-Steuer	1.980,00					
	kalkul. Abschreibung	328.560,00					
	kalkul. Zinsen	53.980,00					
	kalkul. Miete	64.800,00					
	kalkul. Unternehmerl.	93.600,00					
	kalkul. Wagnisse	6.000,00					
		1.325.482,00		- €	- €	- €	- €
			Einzelkosten				
			Gemeinkostenzuschlagsatz				

In die Spalte „Kosten" werden die *Gemeinkosten* aus der *Ergebnistabelle* übernommen. In der Spalte daneben, die mit „Verteilung" beschriftet ist, finden Sie regelmäßig die von Ihnen ermittelten oder Ihnen vorgegebenen Schlüssel zur Verteilung der Kosten auf die Hauptkostenstellen (HKS). Diese Spalte ist noch nicht gefüllt, da wir die Schlüssel nun erstmalig berechnen müssen.

Die Ersteinrichtung einer Kostenrechnung ist sehr zeitaufwendig. Um die Kosten *verursachungsgerecht* zuordnen zu können, muss man häufig in den Betrieb gehen, um die einzelnen Schritte und Abläufe zu begreifen. Außerdem ist es sehr wichtig, dass eingehende Rechnungen, wie zum Beispiel für Kosten der *Fremdinstandhaltung*, richtig kontiert und einer *Kostenstelle* (Holzfräse AB123) zugeordnet werden. Hat man diese Informationen im Vorfeld nicht bekommen, muss man sie sich am Ort des Entstehens beschaffen.

Schlüsseln wir die Kosten der Reihe nach. Von unseren *Kostenstellenverantwortlichen* haben wir die erforderlichen Informationen bekommen.

Die Kosten der *Betriebsstoffe* werden wie folgt verteilt: HKS Material hat 22% verursacht, die Fertigung 67%, die Verwaltung 1% und der Vertrieb 10%.

Berechnung: € 16.844,00 ÷ 100 [%] = 168,44. Nun multiplizieren wir die € 168,44 mit den Prozentsätzen je HKS.

HKS Material: € 168,44 • 22 [%] = € 3.705,68

HKS Fertigung: € 168,44 • 67 [%] = € 11.285,48

HKS Verwaltung: € 168,44 • 1 [%] = € 168,44

HKS Vertrieb: € 168,44 • 10 [%] = € 1.684,40

Nehmen Sie sicherheitshalber eine Verprobung vor und addieren Sie die Rechenergebnisse!

Der Verteilungsschlüssel steht nun als mit 22/67/1/10[%] fest. Die errechneten Teilergebnisse werden nun in die entsprechenden Spalten des BAB übernommen:

				Hauptkostenstellen		
Konto	Kontenbezeichnung	Kosten	Verteilung	Material	Fertigung	Verwaltung	Vertrieb
6030	Aufw. Betriebsstoffe	16.844,00	22/67/1/10[%]	3.705,68 €	11.285,48 €	168,44 €	1.684,40 €

Betriebsabrechnungsbogen der "Fantastic Furniture GmbH" per 31.12.2015

Das Konto 6150 „Vertriebsprovisionen" ist zwar eindeutig der *HKS Vertrieb* zuzuordnen, nicht jedoch einer einzelnen betrieblichen

44

Leistung. Daher werden auch diese Kosten über den BAB umgelegt; wenn auch zu 100% auf den Vertrieb.

Konto	Kontenbezeichnung	Kosten	Verteilung	Material	Fertigung	Verwaltung	Vertrieb
6150	Vertriebsprovisionen	98.380,00	0/0/0/100[%]	- €	- €	- €	98.380,00 €

Die Kosten „Fremdinstandhaltung" (Konto 6160) werden auf Basis des Fibu-Kontenblatts verteilt. Schon bei der Erfassung der eingegangenen Rechnungen hat man die notwendigen Informationen zusammen mit den anderen buchungsrelevanten Daten erfasst:

Kontenblatt in Euro
Berater: 1
Mandant: 164/2015
Fantastic Furniture OHG   Konto: 6160 - Fremdinstandhaltung

Konto	Dat.	Beleg1	Gkto	Buchungste	Soll	Haben	Kostl
6160	17.04.2015	145877	70000	Knutsen, Por	17.891,00	0,00	1000
6160	15.05.2015	9821	70100	Adam, Unfal	9.880,00	0,00	3000
6160	22.05.2015	20150502	70200	CB, Fertigwa	2.000,00	0,00	4000
6160	10.07.2015	75311	70400	SN, Reparatu	16.000,00	0,00	2000
6160	17.07.2015	75319	70400	SN, Abluftsy	6.000,00	0,00	2000
6160	30.09.2015	AR8759	70300	Canon, Fax F	200,00	0,00	3000
6160	30.09.2015	AR8760	70300	Canon, Laser	300,00	0,00	4000
6160	20.11.2015	85213	70400	SN, Regal Fe	10.169,00	0,00	4000
				EB-Wert: 0,00	Saldo Neu: 62.440,00S		
				JVZ Neu:	62.440,00	0,00	

Legende: KST 1000 = Material, 2000 = Fertigung, 3000 = Verwaltung, 4000 = Vertrieb

Schauen Sie bitte auf die äußerste rechte Spalte. Dort sind die Kostenstellen je Rechnung erfasst. Und der unten stehenden Legende können Sie die Zuordnung entnehmen.

KST Material: **€ 17.891,00**

KST Fertigung: € 16.000,00 + € 6.000,00 = **€ 22.000,00**

KST Verwaltung: € 9.880,00 + € 200,00 = **€ 10.080,00**

KST Vertrieb: € 2.000,00 + € 300,00 + € 10.169,00 = **€ 12.469,00**

Konto	Kontenbezeichnung	Kosten	Verteilung	Material	Fertigung	Verwaltung	Vertrieb
6160	Fremdinstandhaltung	62.440,00	siehe Konto	17.891,00 €	22.000,00 €	10.080,00 €	12.469,00 €

Die Kosten durch die Gewährung von Gehältern (€ 497.240,00) werden anhand von Informationen aus der Lohnbuchhaltung verteilt. Folgende Liste wurde uns vorlegt:

Interne Information zur Verteilung von Lohnkosten auf die einzelnen Kostenstellen

Ansprechpartner/Lohn: *Konstanze Wagner; Durchwahl -457*

Abrechnungsperiode: *Jahr 2015*

Lohnart: *Gehalt*

Summe der Gehälter: *497.240,00*

Mitarbeiter	Abteilung	Brutto	KST Mat.	KST Fert.	KST Verw.	KST Vertr.
Bredemann, Alfons	Einkauf	43.176,00 €	43.176,00 €			
Conradt, Kathrin	Verwaltung	39.242,00 €			39.242,00 €	
Esmann, Willi	Rohstofflager	32.316,00 €	32.316,00 €			
Filou, Jacques	Fertigwarenlager	34.258,00 €	34.258,00 €			
Gründner, Peter	Hilfsstofflager	29.993,00 €	29.993,00 €			
Liebermann, Max	Fertigung	45.342,00 €		45.342,00 €		
McAllister, John	Rohstofflager	40.982,00 €	40.982,00 €			
Morchner, Dietmar	Vertrieb	54.326,00 €				54.326,00 €
Nordhorn, Philip	Verwaltung	40.158,00 €			40.158,00 €	
Oberschelp, Frank	Vertrieb	59.985,00 €				59.985,00 €
Schlüpmann, W. Jörg	Vertrieb	39.741,00 €				39.741,00 €
Strieker, Frauke	Verwaltung	37.721,00 €			37.721,00 €	
	Summen Kostenstellen	180.725,00 €	180.725,00 €	45.342,00 €	117.121,00 €	154.052,00 €

Datum: *18. Januar 2016*

Zeichen/Unterschrift: *Konstanze Wagner*

Wir übernehmen die Summen je Hauptkostenstelle in den Betriebsabrechnungsbogen:

Konto	Kontenbezeichnung	Kosten	Verteilung	Material	Fertigung	Verwaltung	Vertrieb
6300	Gehälter	497.240,00	Buchungsliste	180.725,00 €	45.342,00 €	117.121,00 €	154.052,00 €

46

Unsere Kollegin Frauke Strieker hat uns eine Liste mit der Aufteilung der Leasingkosten nach HKS übergeben. Wir können diese Werte ungeprüft in den BAB übernehmen:

Interne Information zur Verteilung von Leasingkosten auf die einzelnen Kostenstellen

Ansprechpartner/in: *Frauke Strieker; Durchwahl -512*

Abrechnungsperiode: *Jahr 2015*

Summe Leasingkosten: *46.990,00*

Leasinggegenstand	Abteilung	Kosten	KST Mat.	KST Fert.	KST Verw.	KST Vertr.
BMW 525i LP-FF 1	Verwaltung	5.600,00 €			5.600,00 €	
BMW 1er LP-FF 3	Vertrieb	2.244,00 €				2.244,00 €
VW T6 LP-FF 5	Vertrieb	8.300,00 €				8.300,00 €
Fräse Horizon KFF191	Fertigung Platten	11.310,00 €		11.310,00 €		
Flächenschleifer FS 19	Fertigung Platten	8.763,00 €		8.763,00 €		
Mitsubishi Stapler M12	Rohstofflager	2.128,00 €	2.128,00 €			
Mitsubishi Stapler S90	Fertigwarenlager	3.285,00 €				3.285,00 €
HP Server S5000	Verwaltung	1.760,00 €			1.760,00 €	
HP Desktop (7 Stück)	Verwaltung	2.100,00 €			2.100,00 €	
HP Desktop (5 Stück)	Vertrieb	1.500,00 €				1.500,00 €
	Summen Kostenstellen		2.128,00 €	20.073,00 €	9.460,00 €	15.329,00 €

Datum: *12.01.2016*

Zeichen/Unterschrift: *Frauke Strieker*

Konto	Kontenbezeichnung	Kosten	Verteilung	Material	Fertigung	Verwaltung	Vertrieb
6710	Leasing (Kfz)	46.990,00	*Leasingaufst.*	2.128,00 €	20.073,00 €	9.460,00 €	15.329,00 €

Als nächstes müssen wir die Kosten für den Bürobedarf aufteilen. Auch dafür erhalten wir von der Buchführung den Ausdruck eines Kontenblattes und verteilen die Kosten entsprechend.

Kontenblatt in Euro
Berater: 1
Mandant: 164/2015
Fantastic Furniture OHG *Konto:* *6800 - Büromaterial*

Konto	Dat.	Beleg1	Gkto	Buchungste	Soll	Haben	Kostl
6800	15.01.2015	20157537	70500 Paolo Office		1.258,00	0,00	3000
6800	01.02.2015	20157698	70500 Paolo Office		398,00	0,00	4000
6800	20.03.2015	9743625	70300 Canon		982,00	0,00	2000
6800	15.05.2015	20158912	70500 Paolo Office		1.398,00	0,00	3000
6800	18.07.2015	20159963	70500 Paolo Office		2.177,00	0,00	4000
6800	20.10.2015	201512132	70500 Paolo Office		613,00	0,00	1000
6800	10.12.2015	201513987	70500 Paolo Office		2.139,00	0,00	3000
			EB-Wert: 0,00	Saldo Neu: 8.965,00S			
			JVZ Neu:	8.965,00	0,00		

Legende: *KST 1000 = Material, 2000 = Fertigung, 3000 = Verwaltung, 4000 = Vertrieb*

KST Material: € **613,00**

KST Fertigung: € **982,00**

KST Verwaltung: € 1.258,00 + € 1.398,00 + € 2.139,00 = € **4.795,00**

KST Vertrieb: € 398,00 + € 2.177,00 = € **2.575,00**

Konto	Kontenbezeichnung	Kosten	Verteilung	Material	Fertigung	Verwaltung	Vertrieb
6800	Büromaterial	8.965,00	Kontenblatt	613,00 €	982,00 €	4.795,00 €	2.575,00 €

Die angefallenen Kosten für die Werbung, die laut Finanzbuchhaltung € 45.703,00 ausmachen, gehen ausschließlich zu Lasten der HKS *Vertrieb.*

Konto	Kontenbezeichnung	Kosten	Verteilung	Material	Fertigung	Verwaltung	Vertrieb
6870	Werbung	45.703,00	0/0/0/100[%]	- €	- €	- €	45.703,00 €

Nun kommen wir zum Konto Kfz-Steuer. Auch hierfür benötigen wir einen Ausdruck, um die Werte richtig ablesen und zuordnen zu können:

```
Kontenblatt in Euro
Berater: 1
Mandant: 164/2015
Fantastic Furniture OHG          Konto:      7030 - Kfz-Steuer

Konto      Dat.      Beleg1    Gkto   Buchungste    Soll        Haben        Kostl

7080    12.02.2015   KA1510    2800 LP-FF 5        318,00       0,00         4000
7080    15.02.2015   KA1511    2800 LP-FF 1        402,00       0,00         3000
7080    01.04.2015   KA3201    2800 LP-FF12        392,00       0,00         1000
7080    28.06.2015   KA5906    2800 LP-FF 3        264,00       0,00         4000
7080    05.07.2015   KA6001    2800 LP-FF 9        306,00       0,00         4000
7080    31.08.2015   KS7903    2800 LP-FF 4        298,00       0,00         1000
                                    EB-Wert: 0,00  Saldo Neu: 1.980,00S
                                    JVZ Neu:       1.980,00     0,00

Legende:    KST 1000 = Material, 2000 = Fertigung, 3000 = Verwaltung, 4000 = Vertrieb
```

KST Material: € 392,00 + € 298,00 = **€ 690,00**

KST Fertigung: **€ 0,00**

KST Verwaltung: **€ 402,00**

KST Vertrieb: € 318,00 + € 264,00 + € 306,00 = **€ 888,00**

Konto	Kontenbezeichnung	Kosten	Verteilung	Material	Fertigung	Verwaltung	Vertrieb
7030	Kfz-Steuer	1.980,00	Kontenblatt	690,00 €	- €	402,00 €	888,00 €

Nachdem wir nun die *Grundkosten* und die *Anderskosten* verteilt haben, wenden wir uns noch den *Zusatzkosten* zu. Wie schon umfassend erläutert, sind dies die *kalkulatorischen Kosten*, die wir am Ende der Ergebnistabelle wiederfinden.

Beginnen wir hier mit der *kalkulatorischen Abschreibung*. Das Rechnungswesen wird in einem Industriebetrieb normalen Ausmaßes in verschiedene Abteilungen unterteilt. So, wie zum Beispiel die *Lohnbuchhaltung* eine separate Abteilung ist, so wird auch die

Verwaltung des Anlagevermögens gehandhabt. Und von unserer Mitarbeiterin Anna Mikiewicz erhalten wir eine Aufstellung der Abschreibungsbeträge:

Aufteilung der "kalkulatorischen Abschreibung" auf die einzelnen Kostenstellen

Ansprechpartnerin: *Anna Mikiewicz; Durchwahl -685*

Abrechnungsperiode: *Kalenderjahr 2015*

Summe Abschreibung: *328.560,00*

Anlagegut	Abteilung	kalk. AfA	KST Mat.	KST Fert.	KST Verw.	KST Vertr.
Mitsubishi Stapler F12	Fertigung Platten	3.165,00 €		3.165,00 €		
Fräse Calypso C100	Fertigung Platten	27.592,00 €		27.592,00 €		
Furnierautomat Z7	Fertigung Platten	37.399,00 €		37.399,00 €		
3-Achs CNC	Fertigung Platten	48.519,00 €		48.519,00 €		
Hochregallager I.	Rohstofflager	5.316,00 €	5.316,00 €			
Hochregallager II.	Fertigwarenlager	4.937,00 €				4.937,00 €
Durchlaufbohrmaschine	Fertigung Platten	47.349,00 €		47.349,00 €		
Kantenleimmaschine	Fertigung Platten	31.549,00 €		31.549,00 €		
Büromöbel (diverse)	diverse	12.530,00 €	1.245,00 €	1.739,00 €	7.311,00 €	2.235,00 €
French Cut Automat	Fertigung Platten	51.258,00 €		51.258,00 €		
Förderanlage FA70	Fertigwarenlager	28.369,00 €		28.369,00 €		
Kappsäge	Fertigung Platten	30.577,00 €		30.577,00 €		
	Summen Kostenstellen		6.561,00 €	307.516,00 €	7.311,00 €	7.172,00 €

Datum: *13.01.2016*

Zeichen/Unterschrift: *Anna E. Mikiewicz*

Konto	Kontenbezeichnung	Kosten	Verteilung	Material	Fertigung	Verwaltung	Vertrieb
	kalkul. Abschreibung	328.560,00	*AfA-Aufstellg.*	6.561,00 €	307.516,00 €	7.311,00 €	7.172,00 €

Die *kalkulatorischen Zinsen*, die von uns der Vorsicht halber hinzugerechnet wurden, werden für das uns von Herrn Holz zur Verfügung gestellte Eigenkapital berücksichtigt. Wir hatten Herrn Holz um die Überlassung gebeten, damit wir am Spot-Markt Rohstoffe erwerben können und um verspätete Kunden-Zahlungen abzufedern, ohne dafür den Kontokorrent-Kredit der Sparkasse Lippstadt in Anspruch nehmen zu müssen. Da die Aufteilung nicht Cent-genau erfolgen kann, schätzen wir diese auf 85% zu Lasten der Kostenstelle

Material und die verbleibenden 15% zu Lasten der Kostenstelle
Vertrieb.

Konto	Kontenbezeichnung	Kosten	Verteilung	Material	Fertigung	Verwaltung	Vertrieb
	kalkul. Zinsen	53.980,00	85/0/0/15 [%]	45.883,00 €	- €	- €	8.097,00 €

Die nächste Position *kalkulatorische Miete* wird üblicherweise
entsprechend der je Hauptkostenstelle genutzten Grundfläche verteilt.
Dabei berücksichtigt man auch die Außenflächen, die zum Beispiel für
die Anlieferung von Stoffen oder aber auch die Mitarbeiter-Parkplätze
erforderlich sind. Diese Zahlen stehen für einen langen Zeitraum fest
und wurden von uns seinerzeit wie folgt errechnet:

1.200m² • € 4,50 Miete pro m² und Monat • 12 Monate = € 64.800,00

KST Material: 220m² • € 4,50 • 12 = € **11.880,00**

KST Fertigung: 650m² • € 4,50 • 12 = € **35.100,00**

KST Verwaltung: 105m² • € 4,50 • 12 = € **5.670,00**

KST Vertrieb: 225m² • € 4,50 • 12 = € **12.150,00**

Konto	Kontenbezeichnung	Kosten	Verteilung	Material	Fertigung	Verwaltung	Vertrieb
	kalkul. Miete	64.800,00	220/750/105/225m²	11.880,00 €	35.100,00 €	5.670,00 €	12.150,00 €

Bei der Verteilung des *kalkulatorischen Unternehmerlohns* müssen wir
uns auf die Einschätzungen von Herrn Holz verlassen. Herr Holz nimmt
nicht an der Zeiterfassung teil, kann als Unternehmer aber
nachvollziehen, welchen Anteil welche Hauptkostenstelle an einem
ganz normalen Arbeitstag hat. Er übergibt uns folgenden Zettel:

Ganz besonders, weil Herr Holz sich das P.S. nicht verkneifen konnte,
rechnen wir nun alles genau nach und verteilen auf die HKS:

KST Material: 420 + 144 Std. = 564 Std.   **= 17,47%**

KST Fertigung: 240 + 420 Std. = 660 Std.   **= 20,45%**

KST Verwaltung: 504 Std.   **= 15,61%**

KST Vertrieb: 180 + 1.020 + 300 Std. = 1.500 Std.   **= 46,47%**

Verteilen wir nun den *kalkulatorischen Unternehmerlohn* in Höhe von
€ 93.600,00 prozentual auf die HKS, so haben wir erneut Material zum
Füllen des BAB:

KST Material: 17,47% von € 93.600,00 = **€ 16.352,00**

KST Fertigung: 20,45% von € 93.600,00 = **€ 19.141,00**

KST Verwaltung: 15,61% von € 93.600,00 = **€ 14.611,00**

KST Vertrieb: 46,47% von € 93.600,00 = **€ 43.496,00**

Konto	Kontenbezeichnung	Kosten	Verteilung	Material	Fertigung	Verwaltung	Vertrieb
	kalkul. Unternehmerl.	93.600,00	Liste F.A.Holz	16.352,00 €	19.141,00 €	14.611,00 €	43.496,00 €

Nun steht noch die letzte Position der Ergebnistabelle zur Verteilung an. Auch hierbei müssen wir auf unsere Erfahrung bauen. Die mit den *kalkulatorischen Wagnissen* berücksichtigten Risiken beziehen sich ausschließlich auf die *Verschlechterung* von Rohstoff-, Hilfs- und Betriebsstoffen und auf *Währungsschwankungen* im Vertriebsbereich. Da wir jedoch fast alle Verträge in Euro abschließen, können wir den Stoffen 90% und dem Vertrieb 10% zurechnen:

KST Material: 90% von € 6.000,00 = **€ 5.400,00**

KST Vertrieb: 10% von € 6.000,00 = **€ 600,00**

Konto	Kontenbezeichnung	Kosten	Verteilung	Material	Fertigung	Verwaltung	Vertrieb
	kalkul. Wagnisse	6.000,00	90/0/0/10 [%]	5.400,00 €			600,00 €
		1.325.482,00		291.828,68 €	461.439,48 €	170.418,44 €	402.595,40 €

Auf der folgenden Seite sehen Sie nun den komplett gefüllten Betriebsabrechnungsbogen der „Fantastic Furniture OHG" auf Basis der Zahlen vom 31. Dezember 2015.

Am unteren Ende der jeweiligen HKS-Spalten sehen Sie auch die Summen.

Mit der *Summe der Gemeinkosten* je Hauptkostenstelle können wir nun einen Schritt weiter gehen und die so genannten *Kalkulations-Zuschlagsätze* ermitteln. Um dies zu tun, benötigen wir jedoch erst einmal die in der *Ergebnistabelle* dargestellten *Material-* und *Fertigungseinzelkosten.*

Dies sind im Einzelnen:

Materialeinzelkosten

Konto 6000 Aufwendungen Rohstoffe   € 5.632.725,00

Konto 6020 Aufwendungen Hilfsstoffe   € 128.210,00

Fertigungseinzelkosten

Konto 6200 Löhne   € 1.975.690,00

In der Verwaltung und dem Vertrieb gibt es <u>keine Einzelkosten</u>!

Diese Einzelkosten übernehmen wir nun in die entsprechenden Felder unseres BAB:

1.325.482,00		291.828,68 €	461.439,48 €	169.618,44 €	402.595,40 €
	Einzelkosten	5.760.935,00 €	1.975.690,00 €		
	Gemeinkostenzuschlagsatz				

Die *Einzelkosten* waren die Kosten, die dem einzelnen Bereich, der einzelnen Kostenstelle *direkt zuzuordnen* war. Die *Gemeinkosten* hingegen mussten wir mit Hilfe des BAB auf die HKS umlegen. Die im BAB ermittelten Jahressummen je HKS sehen wir vorläufig als *Erfahrungswerte* an, mit deren Hilfe wir künftig unsere Verkaufspreise kalkulieren wollen.

				Betriebsabrechnungsbogen der "Fantastic	
				Hauptkostenstellen	
Konto	Kontenbezeichnung	Kosten	Verteilung	Material	
6030	Aufw. Betriebsstoffe	16.844,00	22/67/1/10[%]	3.705,68 €	
6150	Vertriebsprovisionen	98.380,00	0/0/0/100[%]	- €	
6160	Fremdinstandhaltung	62.440,00	siehe Konto	17.891,00 €	
6300	Gehälter	497.240,00	Buchungsliste	180.725,00 €	
6710	Leasing (Kfz)	46.990,00	Leasingaufst.	2.128,00 €	
6800	Büromaterial	8.965,00	Kontenblatt	613,00 €	
6870	Werbung	45.703,00	0/0/0/100[%]	- €	
7030	Kfz-Steuer	1.980,00	Kontenblatt	690,00 €	
	kalkul. Abschreibung	328.560,00	AfA-Aufstellg.	6.561,00 €	
	kalkul. Zinsen	53.980,00	85/0/0/15 [%]	45.883,00 €	
	kalkul. Miete	64.800,00	220/750/105/225m²	11.880,00 €	
	kalkul. Unternehmerl.	93.600,00	Liste F.A.Holz	16.352,00 €	
	kalkul. Wagnisse	6.000,00	90/0/0/10 [%]	5.400,00 €	
		1.325.482,00		291.828,68 €	
			Einzelkosten	5.760.935,00 €	
			Gemeinkostenzuschlagsatz		

Gemeinkosten-Zuschlagsätze

Sinn und Zweck ist es, das wir auf relativ einfache Weise errechnen können, wieviel Prozent an *Materialgemeinkosten (MGK)* wir je € 100,00 an *Materialeinzelkosten (MEK) zuschlagen* müssen.

Und das zu berechnen, geht eigentlich relativ einfach – wenn man's weiß:

MEK € 5.760.935,00 = 100%

MGK € 291.828,68 = x %

Berechnung: 291.828,68 • 100 ÷ 5.760.935 = 5,065647

Furniture OHG" per 31.12.2015		
Hauptkostenstellen		
Fertigung	Verwaltung	Vertrieb
11.285,48 €	168,44 €	1.684,40 €
- €	- €	98.380,00 €
22.000,00 €	10.080,00 €	12.469,00 €
45.342,00 €	117.121,00 €	154.052,00 €
20.073,00 €	9.460,00 €	15.329,00 €
982,00 €	4.795,00 €	2.575,00 €
- €	- €	45.703,00 €
- €	402,00 €	888,00 €
307.516,00 €	7.311,00 €	7.172,00 €
- €	- €	8.097,00 €
35.100,00 €	5.670,00 €	12.150,00 €
19.141,00 €	14.611,00 €	43.496,00 €
		600,00 €
461.439,48 €	169.618,44 €	402.595,40 €
1.975.690,00 €	8.489.893,16 €	8.489.893,16 €

Dieses Ergebnis runden Sie bitte auf zwei Stellen nach dem Komma und fügen es in das folgende Feld ein:

1.325.482,00		291.828,68 €	461.439,48 €
	Einzelkosten	5.760.935,00 €	1.975.690,00 €
Gemeinkostenzuschlagsatz		5,07%	

In der KLR-Sprache heißt dieser Prozentsatz *Materialgemeinkosten-Zuschlagsatz (MGKZ)*. Je € 100,00 an *Materialeinzelkosten* müssen wir mit € 5,07 an *Materialgemeinkosten* rechnen.

Genauso verfahren wir auch bei der Ermittlung des *Fertigungsgemeinkosten-Zuschlagsatzes*:

Fertigungseinzelkosten (FEK)   € 1.975.690,00 = 100%

Fertigungsgemeinkosten FGK   €   461.439,48 = x %

Berechnung: 461.439,48 • 100 ÷ 1.975.690,00 = 23,355864

Auch dieses Ergebnis übertragen wir (gerundet auf zwei Stellen nach dem Komma) in das entsprechende Feld des BAB:

1.325.482,00	291.828,68 €	461.439,48 €
Einzelkosten	5.760.935,00 €	1.975.690,00 €
Gemeinkostenzuschlagsatz	5,07%	**23,36%**

Auch hier heißt dieser Prozentsatz *Fertigungsgemeinkosten-Zuschlagsatz (FGKZ)*. Je € 100,00 an *Fertigungseinzelkosten* müssen wir mit € 23,36 an *Fertigungsgemeinkosten* rechnen.

Nun kommen wir zu den *Verwaltungs-* und den *Vertriebsgemeinkosten*. Diese konnten wir Dank des BAB ermitteln, nur können wir als *Zuschlaggrundlage* keine Einzelkosten zu Hilfe nehmen. Hier verfahren wir anders. Die Basis für die Berechnung der Zuschlagsätze sind die so genannten *Herstellkosten der Fertigung*. Dieser Begriff ist neu, aber selbsterklärend: Welche Kosten hat die *Herstellung* verursacht? Ganz einfach: Alle *Einzelkosten* und alle *Gemeinkosten* aus den HKS *Material* und *Fertigung*!

1.325.482,00	291.828,68 €	461.439,48 €
Einzelkosten	5.760.935,00 €	1.975.690,00 €
Gemeinkostenzuschlagsatz	5,07%	23,36%

Rechnerisch sind dies also:

€ 291.828,68 + € 5.760.935,00 + € 461.439,48 + € 1.975.690,00

= € 8.489.893,16

Diesen Wert übernehmen wir in die Zelle *Einzelkosten* der Spalten *HKS Verwaltung* und *HKS Vertrieb* des BAB (Der Übersicht halber, habe ich die Spalte *Material* und *Fertigung* ausgeblendet).

1.325.482,00	169.618,44 €	402.595,40 €
Einzelkosten	8.489.893,16 €	8.489.893,16 €
Gemeinkostenzuschlagsatz		

Nun können wir auch diese Zuschlagsätze ermitteln, indem wir wie bei *Material* und *Fertigung* verfahren sind: Die *Einzelkosten* entsprechen 100% und die *Gemeinkosten* entsprechen „x".

Der *Verwaltungsgemeinkosten-Zuschlagsatz (VwGKZ)* lautet 2,00% und der *Vertriebsgemeinkosten-Zuschlagsatz (VtGKZ)* 4,74%.

1.325.482,00	169.618,44 €	402.595,40 €
Einzelkosten	8.489.893,16 €	8.489.893,16 €
Gemeinkostenzuschlagsatz	2,00%	4,74%

Kalkulation der Verkaufspreise

Wie am Anfang beschrieben, geht es in der Kosten- und Leistungsrechnung letztendlich darum, unter Berücksichtigung aller Risiken, für die von uns angebotenen Produkte einen *marktgerechten* Verkaufspreis kalkulieren zu können. Also einen VK-Preis, der uns vor bösen Überraschungen bewahrt und dennoch konkurrenzfähig ist. Mit Hilfe des *Betriebsabrechnungsbogens* konnten wir die *Zuschlagsätze* ermitteln, die wir beim Einsatz von Material und Lohn zusätzlich einplanen müssen. Diese Zuschlagsätze basieren – wie erwähnt – auf Erfahrungswerten. Nichts, was ewigen Bestand hat, jedoch hat uns die über vielleicht Jahrzehnte währende Möbel-Produktion das erforderliche Know-how mitgegeben.

Nehmen wir einmal an, dass wir für ein neues Möbelstück mit € 257,00 an *Fertigungsmaterial* und € 186,00 an *Fertigungslöhnen* zu rechnen haben, Zudem gibt es eine feste Vorgabe für den *Gewinnaufschlag* von 75%. Dieser Gewinn soll in jedem Fall realisiert werden.

Übernehmen wir diese Werte und die im BAB errechneten Zuschlagsätze in das Schema der *Vorwärtskalkulation*.

„Vorwärts" deshalb, weil wir auf die jeweiligen, vorgegebenen Werte und die einzelnen Zwischensummen die *Zuschlagsätze* aufrechnen. Im Kaufmännischen Rechnen spricht man von der Rechnung *von Hundert*.

Schauen wir uns aber nun das Schema an:

Vorwärtskalkulation

Kalkulationsschema

Vowärtskalkulation

Fertigungsmaterial	← *Materialeinsatz - wie vorgegeben - mit € 257,00*
+ Materialgemeinkosten	← *...ausgedrückt durch den Zuschlagsatz in % (5,07)*
= Materialkosten	← *... ist die Summe auf Fertigungsmaterial und MGK*
Fertigungslöhne	← *Löhne - wie vorgegeben - mit € 186,00*
+ Fertigungsgemeinkosten	← *...ausgedrückt durch den Zuschlagsatz in % (23,36)*
= Fertigungskosten	← *... ist die Summe auf Fertigungslöhnen und FGK*
= Herstellkosten der Fertigung	← *...ist die Summe aus "Materialkosten" und "Fertigungskosten"*
+ Verwaltungsgemeinkosten	← *Gemäss BAB 2,00% von den "Herstellkosten der Fertigung"*
+ Vertriebsgemeinkosten	← *Gemäss BAB 4,74% von den "Herstellkosten der Fertigung"*
= Selbstkosten	← *...ist die Summe aus Herstellkosten plus VWGK und VTGK*
+ Gewinnzuschlag	← *Auf die Selbstkosten schlagen wir die vorgegeben 75%...*
= Barverkaufspreis	← *...und erhalten den Barverkaufspreis.*

Nun befüllen wir das Schema mit *echten Zahlen*, um den Barverkaufspreis auch wirklich zu berechnen.

Kalkulationsschema

Vowärtskalkulation

Fertigungsmaterial		257,00 €
+ Materialgemeinkosten	5,07%	13,03 €
= Materialkosten		270,03 €
Fertigungslöhne		186,00 €
+ Fertigungsgemeinkosten	23,36%	43,45 €
= Fertigungskosten		229,45 €
= Herstellkosten der Fertigung		499,48 €
+ Verwaltungsgemeinkosten	2,00%	9,99 €
+ Vertriebsgemeinkosten	4,74%	23,68 €
= Selbstkosten		533,14 €
+ Gewinnzuschlag	75,00%	399,86 €
= Barverkaufspreis		933,00 €

Sie sehen, dass das *richtige Schema* relativ gerafft aussieht. Auch die Industrie- und Handelskammer verwendet diese *enge Variante*. Und dies kann nicht den Sinn haben, Druckkosten zu sparen, sondern soll – aus meiner Sicht - dazu beitragen, Verwirrung zu stiften. So kann es auch vorkommen, dass das Schema ganz ohne mathematische Vorzeichen auskommen muss:

Kalkulationsschema
Vowärtskalkulation

Fertigungsmaterial		257,00 €
Materialgemeinkosten	5,07%	13,03 €
Materialkosten		270,03 €
Fertigungslöhne		186,00 €
Fertigungsgemeinkosten	23,36%	43,45 €
Fertigungskosten		229,45 €
Herstellkosten der Fertigung		499,48 €
Verwaltungsgemeinkosten	2,00%	9,99 €
Vertriebsgemeinkosten	4,74%	23,68 €
Selbstkosten		533,14 €
Gewinnzuschlag	75,00%	399,86 €
Barverkaufspreis		933,00 €

Wie es auch kommt: Sie sind nun auf alle *Gemeinheiten* vorbereitet.

Unterstellen wir nun, dass wir auf Basis des von uns errechneten *Barverkaufspreis* von € 933,00 ein Angebot an unseren Kunden *Living & More* geschickt haben. Nach reiflichen Überlegungen tritt dieser an uns heran und sagt, wir könnten nur bei einem Bar-VK von € 900,00 ins Geschäft kommen.

Nun kommt die Aufgabe, die Herr Holz an uns richtet: „Männer, wie hoch wäre der verbleibende Gewinn in Euro und Prozent, wenn wir auf das Kaufangebot von *Living & More* eingehen, unser Einkauf es aber *zusätzlich* schafft, die Kosten für das *Fertigungsmaterial* auf € 252,00 zu senken? Nutzen wir dafür die…

Differenzkalkulation

Kalkulationsschema

Differenzkalkulation

Fertigungsmaterial		257,00 €	←	neu: 252,00
Materialgemeinkosten	5,07%	13,03 €		
Materialkosten		270,03 €		
Fertigungslöhne		186,00 €		
Fertigungsgemeinkosten	23,36%	43,45 €		
Fertigungskosten		229,45 €		
Herstellkosten der Fertigung		499,48 €		
Verwaltungsgemeinkosten	2,00%	9,99 €		
Vertriebsgemeinkosten	4,74%	23,68 €		
Selbstkosten		533,14 €		
Gewinnzuschlag	75,00%	399,86 €	←	neu: ? %
Barverkaufspreis		933,00 €	←	neu: 900,00

Ich habe für Sie die sich ändernden Positionen markiert und wir schauen nun, wie sich die gesunkenen Kosten für das *Fertigungsmaterial* bis zu den *Selbstkosten* auswirken. Um den geänderten Bar-VK kümmern wir uns später.

Kalkulationsschema
Differenzkalkulation

Fertigungsmaterial		252,00 €	←
Materialgemeinkosten	5,07%	12,78 €	←
Materialkosten		264,78 €	←
Fertigungslöhne		186,00 €	
Fertigungsgemeinkosten	23,36%	43,45 €	
Fertigungskosten		229,45 €	
Herstellkosten der Fertigung		494,23 €	←
Verwaltungsgemeinkosten	2,00%	9,88 €	←
Vertriebsgemeinkosten	4,74%	23,43 €	←
Selbstkosten		527,54 €	←

Alle mit einem Pfeil markierten Beträge haben sich in Folge der Preisanpassung beim *Fertigungsmaterial* geändert. Die *Selbstkosten* betragen nun nicht mehr € 533,14, sondern nur noch € 527,54.

Kommen wir nun zu dem maximal akzeptierten Preis unseres Kunden.

Das verkürzte Schema stellt sich so dar:

Kalkulationsschema
Differenzkalkulation

Selbstkosten	527,54 €
Gewinnzuschlag	- €
Barverkaufspreis	900,00 €

Die *Selbstkosten* (€ 527,54) und der *Barverkaufspreis* (€ 900,00) stehen fest und wir können nun das Δ - unseren *verbleibenden Gewinn* – errechnen. Der lautet auf € 372,46.

Im nächsten Schritt errechnen wir den verbleibenden *Gewinnzuschlag in %*, in dem wir die neuen *Selbstkosten* mit 100 gleichsetzen:

€ 372,46 • 100 ÷ € 527,54 = 70,6030177 = 70,60%.

Bei Annahme des Kaufangebotes durch *Living & More* würde unser Gewinn trotz der geringeren Kosten für das Fertigungsmaterial um 4,40% kleiner ausfallen.

Übertragen wir nun alles in das Kalkulationsschema. Die geänderten Vorgaben habe ich fett dargestellt.

Kalkulationsschema
Differenzkalkulation

Fertigungsmaterial		252,00 €
Materialgemeinkosten	5,07%	12,78 €
Materialkosten		264,78 €
Fertigungslöhne		186,00 €
Fertigungsgemeinkosten	23,36%	43,45 €
Fertigungskosten		229,45 €
Herstellkosten der Fertigung		494,23 €
Verwaltungsgemeinkosten	2,00%	9,88 €
Vertriebsgemeinkosten	4,74%	23,43 €
Selbstkosten		527,54 €
Gewinnzuschlag	70,60%	372,46 €
Barverkaufspreis		900,00 €

Sie erinnern sich, dass die im Schema verwendeten Zuschlagsätze auf den *Erfahrungen aus früheren Perioden* beruhen. Auf Basis dieser hatten wir den Bar-VK kalkuliert, den alle Kunden außer *Living & More* akzeptierten.

Relativ zeitnah, nach Aufnahme der Produktion des neuen Möbels müssen wir kontrollieren, ob die Kalkulation der Realität entspricht oder ob wir den Verkaufspreis nachbessern sollten. Diesen Vorgang nennt man *Nachkalkulation*.

Eine solche *Nachkalkulation* kann erforderlich sein, wenn sich zum Beispiel die Kosten für das Fertigungsmaterial geändert haben oder unsere Mitarbeiter weniger Zeit für den Bau des Möbelstückes benötigen. Wir unterstellen dabei, dass das *Fertigungsmaterial*

abermals auf € 248,50 reduziert und dass die Löhne um 10% auf €
167,40 gesenkt werden konnten. Die Gewinnvorgabe von 75% bleibt
bestehen.

Nachkalkulation

Kalkulationsschema

Nachkalkulation

	Vorkalkulation		Nachkalkulation	
Fertigungsmaterial		252,00 €		**248,50 €**
Materialgemeinkosten	5,07%	12,78 €	5,07%	12,60 €
Materialkosten		264,78 €		261,10 €
Fertigungslöhne		186,00 €		**167,40 €**
Fertigungsgemeinkosten	23,36%	43,45 €	23,36%	39,10 €
Fertigungskosten		229,45 €		206,50 €
Herstellkosten der Fertigung		494,23 €		467,60 €
Verwaltungsgemeinkosten	2,00%	9,88 €	2,00%	9,35 €
Vertriebsgemeinkosten	4,74%	23,43 €	4,74%	22,16 €
Selbstkosten		527,54 €		499,12 €
Gewinnzuschlag	76,86%	405,46 €	76,86%	383,62 €
Barverkaufspreis		933,00 €		**882,74 €**

Der neue *Barverkaufspreis* konnte dank des rationalen Einsatzes von
Material und Arbeitskraft auf € 882,74 gesenkt werden.

Für den Fall, dass Herr Holz, auf dessen Wunsch unseren Kunden ja
bereits der *ursprüngliche Barverkaufspreis* von € 900,00 angeboten
worden war, es bei diesem belassen will, erhöht sich automatisch der
mögliche Gewinn je Möbelstück:

Kalkulationsschema
Nachkalkulation

	Vorkalkulation		Nachkalkulation	
Fertigungsmaterial		252,00 €		248,50 €
Materialgemeinkosten	5,07%	12,78 €	5,07%	12,60 €
Materialkosten		264,78 €		261,10 €
Fertigungslöhne		186,00 €		167,40 €
Fertigungsgemeinkosten	23,36%	43,45 €	23,36%	39,10 €
Fertigungskosten		229,45 €		206,50 €
Herstellkosten der Fertigung		494,23 €		467,60 €
Verwaltungsgemeinkosten	2,00%	9,88 €	2,00%	9,35 €
Vertriebsgemeinkosten	4,74%	23,43 €	4,74%	22,16 €
Selbstkosten		527,54 €		499,12 €
Gewinnzuschlag	76,86%	405,46 €	**86,93%**	**433,88 €**
Barverkaufspreis		933,00 €		933,00 €

Der *Gewinnzuschlag* konnte auf 86,93%, bzw. auf € 433,88 gesteigert werden. Selbstverständlich kann es auch passieren, dass sich die Konditionen für Material und Lohn verschlechtern und Herr Holz mit einem geringeren Gewinn leben muss.

Die Normalzuschlagsätze

Unter dem Begriff *Normalzuschlagsätze* versteht man die Prozentsätze, die *normalerweise*, aus unserer Erfahrung heraus, angesetzt werden müssen. Diese basieren zum Beispiel auf den Zahlen der vergangenen zwölf Monate. Diese sind nach unserem Verständnis eben *normal*.

Die Ist-Zuschlagsätze

Als *Ist-Zuschlagsatz* bezeichnet man die Zuschläge, die sich im Zuge der *Nachkalkulation* ergeben. Angenommen, eine Neuberechnung unseres *Betriebsabrechnungsbogens* ergibt einen geänderten Materialgemeinkosten-Zuschlagsatz, dann müssten wir unsere *Nachkalkulation* mit dem geänderten Prozentsatz füllen. Dieser neue Zuschlagsatz wäre dann der *Ist-Zuschlagsatz*.

Die Kostenüberdeckung und Kostenunterdeckung

Haben wir für unser Produkt, zum Beispiel den *Bürotisch Fantastico,* mit Kosten in Höhe von € 369,00 gerechnet und die tatsächlichen Kosten, die wir im Zuge der *Nachkalkulation* errechnet haben, weichen nach unten ab, so sprechen wir von einer *Kostenüberdeckung*. Wir haben mit zu hohen Kosten gerechnet.

Kommt es dazu, dass unsere Vorkalkulation ergibt, dass der *Bürotisch Fantastico* € 350,00 an Kosten verursacht, im Zuge der *Nachkalkulation* aber herauskommt, dass es tatsächlich € 365,00 sind, so haben wir eine *Kostenunterdeckung* von € 15,00.

Die Deckungsbeitragsrechnung

Das Thema der *Deckungsbeitragsrechnung* ist für Unternehmen so wichtig, dass es auch das Autorenteam der IHK immer wieder in den Prüfungen von Kaufleuten hervorholt.

Auch wenn Sie jetzt wieder zu resignieren drohen: Ja, es ist ein neuer Begriff der KLR! Dennoch erklärt sich auch dieser selbst. Passen Sie auf!

Wenn wir vom *Deckungsbeitrag* und dessen Berechnung sprechen, so geht es um den *Beitrag* der Umsatzerlöse zur *Deckung der fixen Kosten*. Anders ausgedrückt: Wieviel Euro bleiben von den Umsatzerlösen nach Abzug der *variablen Kosten* übrig, um die *fixen Kosten* ganz oder teilweise zu decken, zu bezahlen? Und diese Berechnungen beziehen sich auf eine Möbelserie oder ein Möbelstück. Wir betrachten also nur einen *Teil* der betrieblichen Gesamtkosten. Deshalb bezeichnet man die Deckungsbeitragsrechnung als *Teilkostenrechnung*.

Nehmen wir unser Beispiel aus der soeben behandelten *Nachkalkulation*. Danach können wir pro Möbelstück einen Umsatzerlös von € 933,00 generieren. Dadurch, dass wir ein Möbelstück produziert haben, sind *variable Kosten* in Höhe von € 415,90 (Fertigungsmaterial € 248,50 und Fertigungslöhne € 167,40) angefallen. Diese *variablen Kosten* entstehen *beschäftigungsabhängig*: Keine Fertigung – keine variablen Kosten!

Der Übersicht halber rechnen wir:

Umsatzerlöse	€ 933,00
-variable *Stück*kosten	€ 415,90
=*Stück*deckungsbeitrag	€ 517,10

Mit € 517,10 trägt ein Möbel*stück* zur Deckung der fixen Kosten bei.

Ein Möbel*stück* eben. Somit sprechen wir vom *Stückdeckungsbeitrag*.

Fertigen wir zum Beispiel 1.000 Stück dieses Möbels, so sieht die *Deckungsbeitragsrechnung* wie folgt aus:

Umsatzerlöse	€ 933.000,00
-variable *Gesamt*kosten	€ 415.900,00
=*Gesamt*deckungsbeitrag	€ 517.100,00

Der *Beitrag* der Umsatzerlöse aus der Fertigung dieser Möbelserie zur *Deckung* der fixen Kosten ist mit € 517.100,00 zu beziffern.

Das klingt relativ theoretisch, deshalb füllen wir den Begriff *fixe Kosten* mit Leben. Wir addieren die Kosten aus der *Ergebnistabelle*, die wir als *fix* ansehen können, weil sie unabhängig von der Beschäftigung entstehen.

Die *fixen Gesamtkosten* (*Summe aus Gehältern, Leasing, Kfz-Steuer, kalkulatorischer Abschreibung, Zinsen, Miete, Unternehmerlohn und Wagnissen*) betragen € 1.093.150,00.

Somit sorgt die eine Möbelserie dafür, dass nahezu die Hälfte unserer *fixen Gesamtkosten* gedeckt wird. Aber eben nicht 100%, was zu einer *Kostendeckung* führen würde.

Der Break-even-Point (BEP)

Nun tritt unser Geschäftsführer, Felix Holz, an uns heran und fragt, wie viele dieser Möbelstücke denn gefertigt werden müssten, um *Kostendeckung* zu erreichen. Man nennt diesen Wert auch *Break-even-Point*. Wir wollen das gerne für ihn ausrechnen:

Fixe Gesamtkosten € 1.093.150,00 ÷ Stückdeckungsbeitrag € 517,10
= 2.114 Stück

Bei einer Fertigung von 2.114 Stück zum Verkaufspreis von jeweils € 933,00 wären also sowohl die *variablen Kosten*, als auch die *fixen Kosten* gedeckt. Jedoch hätten wir auch bei dieser Stückzahl (*Break-even-Point*) noch *keinen Gewinn* erwirtschaftet!

„Von welcher Menge an würden wir denn einen Gewinn erwirtschaften?", fragt Herr Holz. „Ab einer Stückzahl von 2.115. Dann würde unser Gewinn € 517,10 betragen", entgegnen wir keck.

Nach kurzem Grübeln reagiert Herr Holz auf unsere Berechnung und sagt: „Wenn wir es bei der nächsten Möbelmesse in Köln schaffen, Aufträge in einem Umfang von 3.114 Stück zu schreiben, dann würden wir einen Gewinn von 1.000 mal € 517,10, also von € 517.100 machen? Wahnsinn! Leute, ich habe keine Zeit mehr. 'Muss dringend in den Vertrieb!" Spricht's und verschwindet in Richtung des Vertriebsleiters.

Herr Holz hat aber richtig gerechnet. Ab dem Erreichen des *Break-even-Points* steigt unser Gewinn pro Möbelstück um € 517,10; um den *Stückdeckungsbeitrag*.

 Bei der Berechnung des *Break-even-Point* ist darauf zu achten, dass, wenn sich *Nachkommastellen* ergeben, immer die *nächste volle Stückzahl* als BEP bezeichnet werden muss.

Grafische Ermittlung des Break-even-Points

Neben der rechnerischen Ermittlung, können wir den *Break-even* auch grafisch ermitteln. Probieren wir dies anhand der folgenden Informationen aus:

Für einen Auftrag liegen die *auftragsbezogenen fixen Kosten* bei € 900,00. Die *variablen Stückkosten* betragen € 50,00. Als Umsatzerlös pro Stück können wir von € 200,00 ausgehen.

Bei welcher Stückzahl erreichen wir die *Gewinnschwelle*, den *Break-even-Point*?

Tragen Sie in das Raster zuerst die Kurve mit den *proportional steigenden Gesamtumsätzen* ein. Pro Stück sind dies € 200,00.

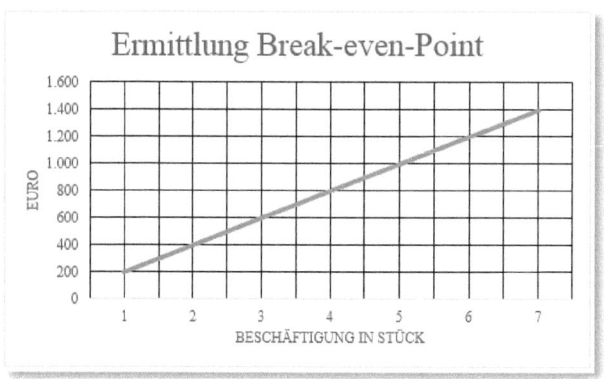

Danach ergänzen Sie das Raster um die Kurve der *Gesamtkosten*. Diese sind jeweils die Summe aus € 900,00 an *fixen Kosten* und *variablen Stückkosten* von € 50,00 (1 Stück = € 900,00 + € 50,00 = € 950,00, 2 Stück = € 1.000,00 usw.).

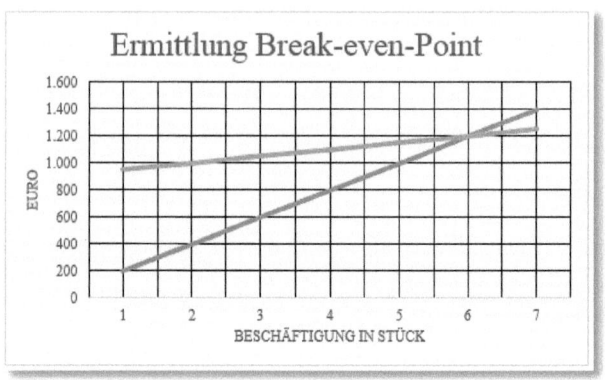

Nun müssen Sie von dem Punkt aus, an dem die Kurve der *Gesamtkosten* die Kurve der *Umsatzerlöse* schneidet, einen vertikalen Strich ziehen und können unten das angeforderte Ergebnis (den *Break-even-Point* in Stück) ablesen:

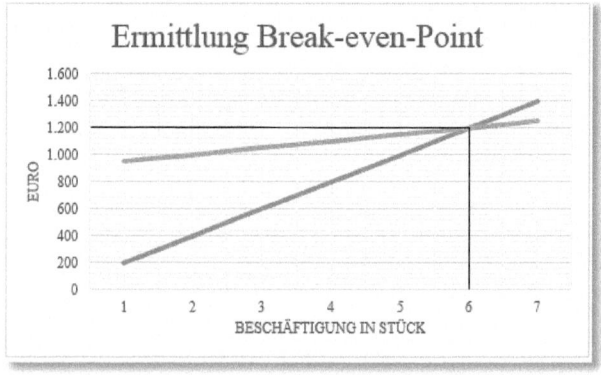

Wir können der grafischen Umsetzung der Werte entnehmen, dass der BEP bei einer Beschäftigung, einer Stückzahl von 6 Stück erreicht würde.

Nun kennen Sie ja die gesamten *Umsatz-* und die *Kostenverläufe* in- und auswendig. Das wünscht sich auch die IHK und präsentiert mit bestimmter Regelmäßigkeit eine „anonymisierte" Grafik, bei der es die Aufgabe der Prüflinge ist, die einzelnen, grafisch dargestellten Verläufe, bzw. den *einen* Punkt zu benennen.

Wollen Sie es einmal probieren?

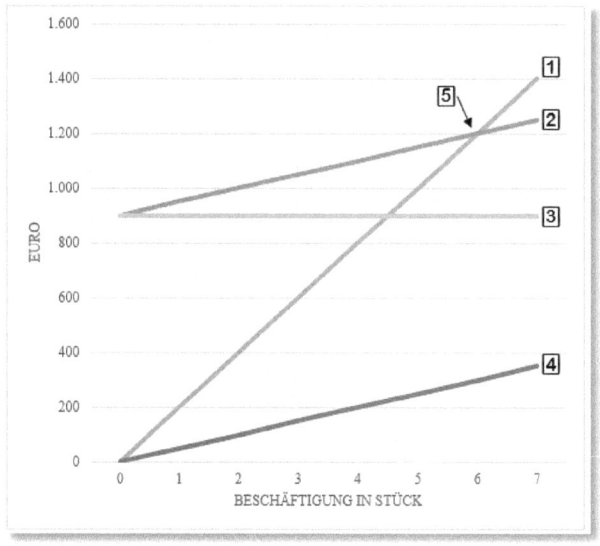

Am einfachsten ist es, die *fixen Kosten* zu bestimmen. Diese fallen unabhängig von der *Beschäftigung* an: ③. Die *variablen Kosten* entstehen auch erst mit der Produktion des ersten Möbels und steigen proportional an: ④. Die Summe aus fixen und variablen Kosten sind die *Gesamtkosten:* ②. Die *Umsatzerlöse (Leistungen)* ① sind erst ab dem ersten Möbelstück >0. Auch sie steigen proportional und schneiden bei einer bestimmten Stückzahl die *Gesamtkostenkurve*. Und dieser Schnittpunkt [5] ist der *Break-even-Point*.

Die Preisuntergrenzen

Die „Fantastic Furniture OHG" kann in die Situation kommen, dass wegen einer erheblichen, zum Beispiel rezessionsbedingten Absatzflaute, kaum noch hochwertige Möbel am Markt abzusetzen sind. Dennoch ist Herr Holz verpflichtet, die mit den Produktionsmitarbeitern geschlossenen Verträge zu erfüllen; sprich, diese zu bezahlen. In solchen Krisenzeiten müssen wir also zusehen, Möbel am Markt abzusetzen und uns dabei – wenn auch Zähne knirschend – vorübergehend von den Gewinnvorgaben zu verabschieden. Dennoch sind bestimmte *Preisuntergrenzen* zu beachten.

Zum einen spricht man in der KLR von der *kurzfristigen Preisuntergrenze*. Was meinen Sie, welche Kosten müssen *kurzfristig* auf jeden Fall gedeckt werden?

Wenn wir, wie gesagt, in der Verpflichtung stehen, die *Fertigungslöhne* unabhängig von der Beschäftigung zu zahlen und wenn wir zudem unterstellen können, das uns durch die Verwendung des *Fertigungsmaterials* Kosten entstehen, so entspricht die Summe aus beidem der *kurzfristigen Preisuntergrenze*.

Und das sind die in unserem zuvor genannten Beispiel die *variablen Stückkosten* in Höhe € 415,90.

Bei der Einhaltung der *kurzfristigen Preisuntergrenze* vernachlässigen wir also völlig die angestrebte Deckung der fixen Kosten. Auf Dauer würde es uns natürlich wirtschaftlich das Genick brechen.

Dank dieses Wissens kommen wir auch recht leicht auf die Höhe der *langfristigen Preisuntergrenze*. Diese muss so gestaltet sein, dass sowohl die *variablen*, als auch *fixen Kosten* gedeckt sind. *Das* muss unser *langfristiges Ziel* sein.

Die Wirtschaftlichkeit von Zusatzaufträgen

In einem zuvor genannten Beispiel ging es um die Fertigung von 1.000 Stück Möbeln und die daraus resultierenden Auswirkungen auf die *Deckung der fixen Kosten*. Teilweise (€ 517.100,00) war es uns gelungen, die *fixen Gesamtkosten* (€ 1.093.150,00) zu decken. Angenommen, die Kölner Möbelmesse würde für uns nicht den erhofften Erfolg mit sich bringen, wir hätten aber Kontakt zu einem großen nordamerikanischen Möbel-Filialisten bekommen. Dieser macht uns den Vorschlag, 800 Stück unserer Möbelserie, für die eigentlich ein Bar-VK von € 933,00 pro Stück vorgesehen war, zu einem Stückpreis von € 800,00 zu liefern.

Eine neu aufgestellte *Deckungsbeitragsrechnung* würde dann so aussehen:

Umsatzerlöse	€ 800,00
-variable *Stück*kosten	€ 415,90
=*Stück*deckungsbeitrag	**€ 384,10**

Dieser DB läge fern von unserer ursprünglichen Planung. Sollten wir den Auftrag aus Nordamerika trotzdem annehmen?

Ja, denn auch wenn die *langfristige Preisuntergrenze* nicht erreicht ist, trägt dieser Auftrag *trotzdem* zur teilweisen *Deckung* unserer *fixen Gesamtkosten* bei. Bei 800 verkauften Stück wären dies € 307.280,00.

Auch würde es Sinn machen, solche Aufträge – selbst bei einem noch geringeren Verkaufspreis – anzunehmen, wenn wir dadurch peu à peu eine Deckung der fixen Kosten erreichen.

Gewinnoptimales Produktionsprogramm

Neben den einzelnen Zahlen und deren Aktualität müssen wir auch unser Produktionsprogramm kritisch beleuchten. Führen wir zum Beispiel einen Artikel im Sortiment, den wir im Marketing-Jargon als „Penner" bezeichnen würden? Oder müssen wir einen lukrativen Zusatzauftrag ablehnen, weil unsere Maximalkapazität dessen Annahme verhindern würde?

Unser Hauptaugenmerk muss in der *Gewinnoptimierung* liegen. Sowohl bei der Beratschlagung, ob unser Sortiment umgestellt, ergänzt oder reduziert werden sollte, als auch dann, wenn es um eben diese möglichen Zusatzaufträge geht.

Sehen wir uns zuerst das aktuelle Sortiment an:

Produkt				
	Bürotisch Fantastico	Bürostuhl Fantastico	Büroschrank Future	Bürotisch Black Mamba	Summe
Umsatzerlöse	123.400,00 €	14.922,00 €	153.600,00 €	89.500,00 €	381.422,00 €
Variable Kosten	80.700,00 €	12.400,00 €	102.353,00 €	53.516,00 €	248.969,00 €
Deckungsbeitrag	42.700,00 €	2.522,00 €	51.247,00 €	35.984,00 €	132.453,00 €
Auslastung der Kapazität	31%	5%	33%	20%	89%

Wir können feststellen, dass unsere *Maximalkapazität* zu 89% ausgeschöpft ist. Unsere *fixen Gesamtkosten* von € 112.500,00 sind mehr als gedeckt und wir erwirtschaften ein *positives Betriebsergebnis*.

Unser Hauptkunde, Living & More aus Las Vegas (USA), tritt an uns heran und stellt in Aussicht, den Schrank „MGM Super-Cupboard" bei uns fertigen zu lassen.

Wir kalkulieren für diesen Artikel die variablen Kosten und kommen zu folgendem Ergebnis:

> Fertigungsmaterial   € 85.700,00
> Fertigungslöhne   € 72.400,00
> Umsatzerlöse*   € 263.500,00

) nach dem aktuellen Wechselkurs US-$ - Euro

Durch Annahme *dieses* Auftrages hätten wir eine Kapazitätsausnutzung von 26%,

Unsere Aufgabe ist es nun, dem Geschäftsführer Zahlen zu liefern. Und eine Empfehlung aus Sicht der Kostenrechnung.

Unterstellen wir einmal, dass – wenn wir uns für eine Bereinigung des Sortiments entscheiden – unsere Marktposition nicht gefährdet würde.

Zudem haben wir in der Vergangenheit festgestellt, dass unsere Auslastung niemals größer als 90% sein sollte, da sich nur bis zu dieser Größe der Ausschuss und die Fehlzeitenquote unserer Mitarbeiter in Grenzen halten.

Schauen wir uns die Tabelle noch einmal genauer an und markieren die Produkte, die den geringsten Beitrag zum Betriebsergebnis leisten:

Produkt				
	Bürotisch Fantastico	Bürostuhl Fantastico	Büroschrank Future	Bürotisch Black Mamba	Summe
Umsatzerlöse	123.400,00 €	14.922,00 €	153.600,00 €	89.500,00 €	381.422,00 €
Variable Kosten	80.700,00 €	12.400,00 €	102.353,00 €	53.516,00 €	248.969,00 €
Deckungs-beitrag	42.700,00 €	2.522,00 €	51.247,00 €	35.984,00 €	132.453,00 €
Auslastung der Kapazität	31%	5%	33%	20%	89%

Es sind der *Bürostuhl Fantastico* und der *Bürotisch Black Mamba*. Beide tragen mit 25% zur Kapazitätsauslastung bei und haben mit insgesamt € 38.506,00 Anteil an der Deckung der fixen Kosten und darüber hinaus am positiven Betriebsergebnis.

Übernehmen wir nun – zur Probe – die Zahlen für den *MGM-Super-Cupboard* in unsere Tabelle und lassen beide eben genannten Produkte bei Seite.

Produkt

	Bürotisch Fantastico	MGM Super-Cupboard	Büroschrank Future	Summe
Umsatzerlöse	123.400,00 €	263.500,00 €	153.600,00 €	540.500,00 €
Variable Kosten	80.700,00 €	158.100,00 €	102.353,00 €	341.153,00 €
Deckungs-beitrag	42.700,00 €	105.400,00 €	51.247,00 €	199.347,00 €
Auslastung der Kapazität	31%	26%	33%	90%

Mit Änderung des Sortiments kämen wir also zu den folgenden Ergebnissen:

• Die Auslastung der Kapazität läge bei 90% 👍

• Der Gesamtdeckungsbeitrag läge um € 66.894,00 höher 👍

• Das Betriebsergebnis würde auf € 86.847,00 steigen 👍

Somit spricht alles für die Bereinigung des Sortiments und die Annahme des Auftrages von *Living & More*.

Teil II
Übergreifende Aufgaben

Übung Nr. 1

Bestimmen Sie, welche der in dieser Liste genannten Aufwendungen aufwandsgleiche Kosten darstellen und entscheiden Sie zudem, welche der Posten mit Hilfe der Ergebnistabelle neutralisiert werden müssen!

Summen- und Saldenliste der "Fantastic Furniture OHG" zum 31.12.2015

Konto	Kontenbezeichnung	Saldo	Grundkosten	Neutraler Aufwand/Ertrag
6200	Löhne (Beispiel)	1.572.890,55 €	✓	
6150	Vertriebsprovisionen	19.890,60 €		
5490	Periodenfremde Erträge	5.565,95 €		
6020	Aufwendungen Hilfsstoffe	63.724,30 €		
6990	Periodenfremder Aufwand	12.719,50 €		
6710	Leasingaufwand	32.199,40 €		
6300	Gehälter	173.991,80 €		
7600	Außerordentlicher Aufwand	3.520,00 €		
6800	Büromaterial	13.155,70 €		
5400	Mieterträge	4.800,00 €		
7030	Kfz-Steuer	2.145,20 €		

Übung Nr. 2

Die fixen Gesamtkosten betragen im Bereich der Plattenverarbeitung € 157.000,00. Insgesamt werden in der Kostenstelle 2.650 Stück Holzplatten produziert. Wie hoch sind die fixen Stückkosten?

Übung Nr. 3

Mit zunehmender Beschäftigung sinken die fixen Stückkosten. Zu Beginn ist der Wert pro Möbelstück noch sehr hoch, je mehr wir fertigen, desto wirtschaftlicher arbeiten wir.

Stellen Sie sich nun die grafische Darstellung dieses Kostenverlaufes vor. Wie bezeichnet man den Verlauf?

Übung Nr. 4

Entscheiden Sie, ob es sich bei den nachstehend genannten Kosten um fixe oder um variable handelt.

Konto	Kontenbezeichnung	Saldo	fixe Kosten	variable Kosten
6710	*Leasingaufwand (Beispiel)*	*46.990,00 €*	✓	
6020	Aufwendungen Hilfsstoffe	128.210,00 €		
6300	Gehälter	497.240,00 €		
6030	Aufwendung. Betriebsstoffe	16.844,00 €		
6150	Vertriebsprovisionen	98.380,00 €		
6800	Büromaterial	8.965,00 €		
7030	Kfz-Steuer	1.980,00 €		
6000	Aufwendungen Rohstoffe	5.632.725,00 €		
6520	Abschreibung	297.300,00 €		

Summen- und Saldenliste der "Fantastic Furniture OHG" zum 31.12.2015

Übung Nr. 5

Folgende Zahlen können Sie einer Ergebnistabelle entnehmen:

* Betriebsergebnis   € 1.250.000
* Kostenrechnerische Korrekturen   € 358.000
* Neutrales Ergebnis   € 293.400

Berechnen Sie das Gesamtergebnis!

Übung Nr. 6

Einer der Auszubildenden Ihres Betriebes stellt die These auf, dass „fixe Stückkosten" mit zunehmender Beschäftigung steigen. Wie stehen Sie zu dieser Aussage?

Übung Nr. 7

Ihr Unternehmen hat darüber zu entscheiden, ob ein zusätzlicher Auftrag zu den folgenden Konditionen angenommen werden soll. Die betrieblichen Kapazitäten wären dafür ausreichend vorhanden:

* Erwartete Umsatzerlöse   € 146.000
* Variable Kosten   € 102.500

Übung Nr. 8

Für einen neuen Auftrag über 3.000 Stück Kleinmöbel haben Sie mit Ihren Kollegen eine „Deckungsbeitragsrechnung" aufgestellt. Der Auftrag verspricht Ihnen zusätzliche Umsatzerlöse von € 361.500,00. Die variablen Stückkosten sind € 95,50. Welchen Stückdeckungsbeitrag müssen Sie errechnet haben?

Übung Nr. 9

Ihre Abteilung kalkuliert die wirtschaftlichen Folgen aus der Annahme eines Zusatzauftrages. Die auftragsgebundenen Fixkosten belaufen sich auf € 82.400,00. Als Stückdeckungsbeitrag wurden € 81,75 ermittelt. Bei welcher „Beschäftigung" wird eine Kostendeckung erreicht?

Übung Nr. 10

Wie wird der Kostenverlauf genannt, der die Entwicklung der Verteilung der fixen Gesamtkosten bei zunehmender Beschäftigung zeigt?

Übung Nr. 11

Ihre Vorgesetzte überreicht Ihnen den folgenden Ausdruck einer Grafik.

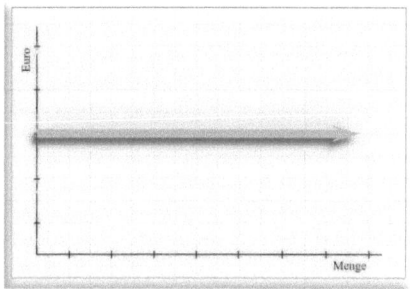

a) Welcher Kostenverlauf wird in dieser Grafik dargestellt?

b) Nennen Sie drei Beispiel-Kosten, die auf diesen Sachverhalt zutreffen.

Übung Nr. 12

Der Deckungsbeitrag für ein Möbelstück beträgt nach der Kalkulation Ihrer Kollegen € 125,00. Die erwarteten Erlöse betragen pro Stück € 377,00. Wie hoch sind die variablen Stückkosten?

Übung Nr. 13

Entscheiden Sie, bei welchen der in die KLR übernommenen Werte es sich um Einzelkosten oder um Gemeinkosten handelt.

Konto	Kontenbezeichnung	Saldo	Einzelkosten	Gemeinkosten
6200	*Löhne (Beispiel)*	*1.572.890,55 €*	✓	
6150	Vertriebsprovisionen	19.890,60 €		
6870	Werbung	11.213,50 €		
6020	Aufwendungen Hilfsstoffe	63.724,30 €		
6710	Leasingaufwand	32.199,40 €		
6800	Büromaterial	13.155,70 €		
6300	Gehälter	173.991,80 €		
7030	Kfz-Steuer	2.145,20 €		
6030	Aufwendung. Betriebsstoffe	18.517,80 €		
6770	Rechtsberatung	9.158,00 €		
6730	Gebühren	2.145,20 €		

Summen- und Saldenliste der "Fantastic Furniture OHG" zum 31.12.2015

Übung Nr. 14

Sie erinnern sich noch an die folgende Grafik?

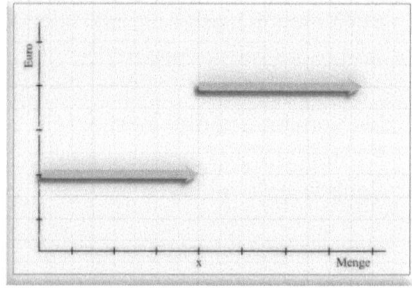

a) Welcher Kostenverlauf wird hier dargestellt?

b) Nennen Sie ein Beispiel, das für diese Kostenentwicklung repräsentativ ist!

c) Bei welcher „Menge" springen die Kosten, wenn wir sagen, dass ein Teilstrich der Achse 1.250 Stück entspricht?

Übung Nr. 15

Der Inhaber der Fantastic Furniture OHG erhält kein Gehalt, weil er vom Gewinn des Unternehmens leben muss. Im Zuge der Aktualisierung Ihrer Berechnungen, nehmen Sie eine Statistik zur Hand und lesen, dass jemand in der Position und mit der Verantwortung gerne ein Gehalt verlangen kann, das € 8.000,- beträgt und zusammen mit Sondergratifikationen 14x jährlich gezahlt wird. Wie hoch ist der kalkulatorische Unternehmerlohn, wenn der Arbeitgeberanteil zur Sozialversicherung mit 22% anzusetzen ist?

Übung Nr. 16

Die folgende Skizze zeigt die Größe sowie die Ausstattung unseres neuen Pausenraums. Herr Holz stellt uns diese Räume aus seinem Privatbesitz unentgeltlich zur Verfügung. Bislang waren diese noch fremdvermietet und sind nicht für betriebliche Zwecke genutzt worden.

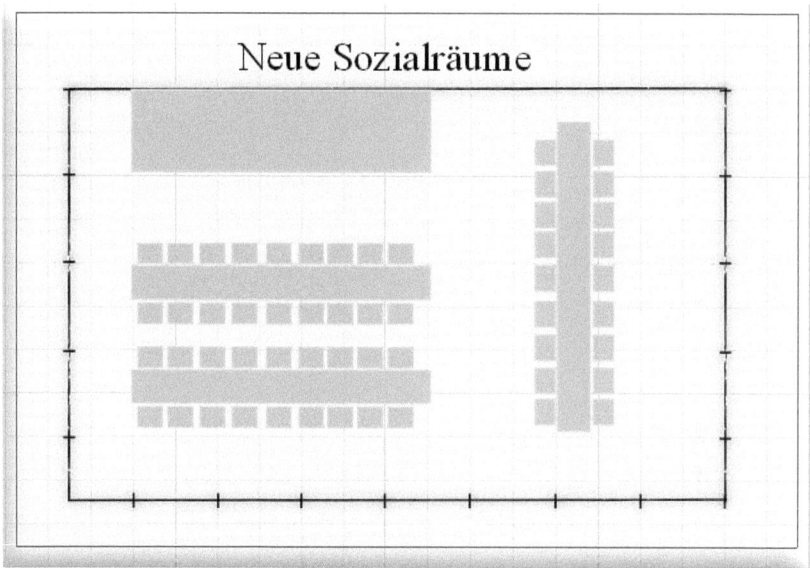

Jeder Teilstrich (horizontal und vertikal) steht für 3,00 Meter. Wie hoch ist die für diesen Raum anzusetzende kalkulatorische Miete, wenn der marktübliche Mietzins € 4,20 pro m² beträgt?

Übung Nr. 17

Für einen Auftrag würde der Deckungsbeitrag pro Möbel € 68,50 betragen. Die variablen Gesamtkosten belaufen sich bei der beauftragten Menge von 560 Stück auf € 43.792,00. Wie hoch ist der Auftragswert (Umsatzerlöse)?

Übung Nr. 18

Auf Ihrem Schreibtisch finden Sie den Ausdruck der nebenstehend

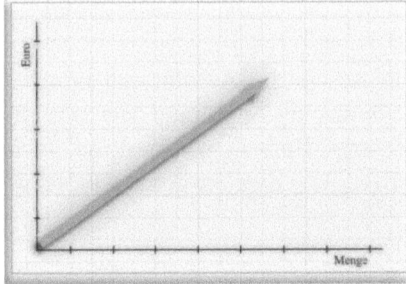

abgebildeten Grafik. Sie stutzen.
Was wird hier dargestellt?
a) Kann das eindeutig nur eine „Entwicklung" sein?
b) Wie nennt man diesen gleichmäßig ansteigenden Verlauf und um welche Kosten handelt es sich?

Übung Nr. 19

Sie bekommen eine neue Summen- und Saldenliste von den Kolleginnen der Buchführung. Darin entdecken Sie eine Aufwendung, die Sie bislang noch nicht bearbeiten mussten: „Leasing Hardware". Diese müssen wir für einen Server bezahlen, der in der HKS Fertigung eine CNC-Fräse steuert.
Definieren Sie diese Aufwendung aus Sicht des Kostenrechners. Sie müssen drei zutreffende Begriffe nennen!

Übung Nr. 20

Auf Nachfrage sagen Ihnen die Fibu-Kollegen, dass in der bilanziellen Abschreibung unter anderem € 2.500,00 an AfA für einen ausschließlich privat genutzten Pkw stecken. Wie und mit welchem Hilfsmittel müssen Sie mit diesem Wert verfahren?

Übung Nr. 21

In Absprache mit der Geschäftsführung und dem Produktionsleiter kalkulieren Sie die Ersatzbeschaffung für einen neuen Umleim-automaten. Die Anschaffung ist nicht vor Ablauf von drei Jahren geplant. Zurzeit kostet eine baugleiche Maschine € 100.000,00. Sie rechnen mit einer jährlichen Preissteigerung von 5% und erwarten für die zu ersetzende Maschine noch einen Verkaufserlös von netto € 10.000,00. Wie hoch ist die kalkulatorische AfA, wenn die betriebsübliche Nutzungsdauer mit 10 Jahren veranschlagt wird?

Übung Nr. 22
Unser kaufmännischer Leiter hat sich darin geübt, die freien liquiden Mittel zu vermehren. Zuerst hat er die Gelder auf Festgeldkonten angelegt, das brachte ihm aber einen zu geringen Ertrag. Wie reagieren Sie, als Kostenrechner, wenn er es tatsächlich geschafft hat, das eingesetzte Kapital so anzulegen, dass dabei ein „Spekulationsgewinn" von € 9.850,00 herauskommt, der im Rechnungskreis I. gewinnerhöhend gebucht wurde?

Übung Nr. 23
Bei der Fertigung eines Tisches fallen variable Stückkosten von € 179,00 an. Wie hoch sind die variablen Gesamtkosten bei einer Beschäftigung von 400 Stück?

Übung Nr. 24
Dem aktuellen Betriebsabrechnungsbogen entnehmen Sie, dass die Einzelkosten der Hauptkostenstelle Material € 259.500,00 und die Gemeinkosten € 302.900,00 betragen. Welchen Gemeinkosten-Zuschlagsatz können Sie ermitteln?

Übung Nr. 25
Bislang wurden die Energiekosten im BAB so verteilt, dass als Basis die Quadratmeterzahl der Räume genutzt wurde. Könnte man die Verteilung der Kosten noch genauer vornehmen? Was wäre Ihr Vorschlag?

Übung Nr. 26
Sie sollen den Gemeinkosten-Zuschlagsatz für die Hauptkostenstelle Vertrieb bestimmen. Welche Zahlen müssen Sie addieren, um eine Zuschlaggrundlage zu erhalten?

Übung Nr. 27
Nennen Sie fünf Beispiele für variable Kosten, die mit Hilfe des Betriebsabrechnungsbogens verteilt werden müssen.

Teil III

Lösungen
und Erläuterungen

Lösung zu Übung Nr. 1

Summen- und Saldenliste der "Fantastic Furniture OHG" zum 31.12.2015				
Konto	Kontenbezeichnung	Saldo	Grundkosten	Neutraler Aufwand/Ertrag
6200	Löhne (Beispiel)	1.572.890,55 €	✓	
6150	Vertriebsprovisionen	19.890,60 €	✓	
5490	Periodenfremde Erträge	5.565,95 €		✓
6020	Aufwendungen Hilfsstoffe	63.724,30 €	✓	
6990	Periodenfremder Aufwand	12.719,50 €		✓
6710	Leasingaufwand	32.199,40 €	✓	
6300	Gehälter	173.991,80 €	✓	
7600	Außerordentlicher Aufwand	3.520,00 €		✓
6800	Büromaterial	13.155,70 €	✓	
5400	Mieterträge	4.800,00 €		✓
7030	Kfz-Steuer	2.145,20 €	✓	

Lösung zu Übung Nr. 2

Fixe Gesamtkosten € 157.000,00 ÷ 2.650 Stück Holzplatten = € 59,25.
Somit haben wir die fixen Kosten pro Stück Platte ermittelt.

Lösung zu Übung Nr. 3

Weil die fixen Stückkosten zu Beginn sehr hoch sind, dann rasant abfallen, jedoch niemals den Wert „0" erreichen, nennt man diesen Verlauf degressiver Kostenverlauf. Denken Sie beim Begriff *degressiv* an die *degressive Abschreibung*. Auch dort hat man zu Beginn der Nutzungsdauer einen sehr hohen Abschreibungsbetrag. Über die Nutzungsdauer hinweg wird er immer geringer.

Lösung zu Übung Nr. 4

Summen- und Saldenliste der "Fantastic Furniture OHG" zum 31.12.2015				
Konto	Kontenbezeichnung	Saldo	fixe Kosten	variable Kosten
6710	*Leasingaufwand (Beispiel)*	*46.990,00 €*	✔	
6020	Aufwendungen Hilfsstoffe	128.210,00 €		✔
6300	Gehälter	497.240,00 €	✔	
6030	Aufwendung. Betriebsstoffe	16.844,00 €		✔
6150	Vertriebsprovisionen	98.380,00 €		✔
6800	Büromaterial	8.965,00 €	✔	
7030	Kfz-Steuer	1.980,00 €	✔	
6000	Aufwendungen Rohstoffe	5.632.725,00 €		✔
6520	Abschreibung	297.300,00 €	✔	

Lösung zu Übung Nr. 5
Folgende Zahlen können Sie einer Ergebnistabelle entnehmen:
* Betriebsergebnis   € 1.250.000
* Kostenrechnerische Korrekturen   € 358.000
* Neutrales Ergebnis   € 293.400

Berechnen Sie das Gesamtergebnis!
BE € 1.250.000,00 + KrK € 358.000,00 + n.Ergb. € 293.400,00 = € 1.901.400,00

Lösung zu Übung Nr. 6
Die fixen Stückkosten entsprechen bei einer Beschäftigung von 1 exakt den fixen Gesamtkosten. Je größer die Beschäftigung, auf umso mehr Produkte werden diese verteilt – und sinken pro Stück.

Lösung zu Übung Nr. 7
Da die variablen Kosten kleiner als die Umsatzerlöse sind, sollte man bei vorhandener Kapazität den Auftrag annehmen. Der Deckungsbeitrag von € 43.500,00 trägt dazu bei, unsere fixen Kosten zu decken.

Lösung zu Übung Nr. 8
Umsatzerlöse € 361.500 ÷ 3.000 Stück = € 120,50
Umsatzerlös/Stück € 120,50 – variable Stückkosten € 95,50 = € 25,00
Deckungsbeitrag pro Stück.

Lösung zu Übung Nr. 9
Fixe Gesamtkosten € 82.400 ÷ Stück-DB € 81,75 = 1.007,951070
Erst beim nächsten „ganzen" Möbel (1.008 Stück) wird die
Kostendeckung erreicht.

Lösung zu Übung Nr. 10
Degressiver Kostenverlauf

Lösung zu Übung Nr. 11
a)Es handelt sich hier um die fixen Gesamtkosten
b)Leasing, Pacht, Gehälter

Lösung zu Übung Nr. 12
Erlöse € 377,00 – Stück-DB € 125,00 = variable Stückkosten € 252,00.

Lösung zu Übung Nr. 13

Summen- und Saldenliste der "Fantastic Furniture OHG" zum 31.12.2015				
Konto	Kontenbezeichnung	Saldo	Einzelkosten	Gemeinkosten
6200	Löhne (Beispiel)	1.572.890,55 €	✓	
6150	Vertriebsprovisionen	19.890,60 €		✓
6870	Werbung	11.213,50 €		✓
6020	Aufwendungen Hilfsstoffe	63.724,30 €	✓	
6710	Leasingaufwand	32.199,40 €		✓
6800	Büromaterial	13.155,70 €		✓
6300	Gehälter	173.991,80 €		✓
7030	Kfz-Steuer	2.145,20 €		✓
6030	Aufwendung. Betriebsstoffe	18.517,80 €		✓
6770	Rechtsberatung	9.158,00 €		✓
6730	Gebühren	2.145,20 €		✓

Lösung zu Übung Nr. 14
a)Sprungfixe Kosten
b)Die Anmietung einer zusätzlichen Lager- oder Produktionshalle
c)Bei 4 • 1.250 Stück = 5.000 Stück

Lösung zu Übung Nr. 15
€ 8.000,00 • 14 Zahlungen = € 112.000,00 • 1,22 = € 136.640,00

Lösung zu Übung Nr. 16
(24 (8 Teilstriche • 3m) horizontal) • (15 (5 Teilstriche • 3m) vertikal)
= 360m² • 4,20 = € 1.512,00

Lösung zu Übung Nr. 17
Variable Gesamtkosten € 43.792,00 ÷ Menge 560 = variable Stückkosten € 78,20. Deckungsbeitrag € 68,50 + variable Stückkosten € 78,20 = Erlös pro Stück € 146,70 • 560 Stück = € 82.152,00

Lösung zu Übung Nr. 18
a)Nein, es können sowohl die variablen Gesamtkosten, als auch die Umsatzerlöse sein.
b)Proportionaler Kostenverlauf.

Lösung zu Übung Nr. 19
Leasing-Aufwendungen sind wegen der Betriebsnotwendigkeit Grundkosten. Weil sie immer gleich hoch sind, zählen sie zu den Fixkosten. Und es sind Gemeinkosten, die einem Produkt nicht direkt zuzuordnen sind.

Lösung zu Übung Nr. 20
Diese werden in der Ergebnistabelle neutralisiert, weil es sich nicht um betriebsbedingte Aufwendungen handelt.

Lösung zu Übung Nr. 21
€ 100.000,00 + 15% = € 115.000,00 – VK-Preis der alten Maschine € 10.000,00 = € 105.000,00 ÷ Nutzungsdauer 10 Jahre = € 10.500,00.

Lösung zu Übung Nr. 22
Spekulationsgewinne sind zwar steuerpflichtig, sie haben jedoch nichts mit dem eigentlichen Betriebszweck zu tun. Daher werden Sie in der Ergebnistabelle neutralisiert.

Lösung zu Übung Nr. 23
Variable Stückkosten € 179,00 • 400 Stück = € 71.600,00

Lösung zu Übung Nr. 24
Gemeinkosten € 302.900,00 • 100 ÷ Einzelkosten € 259.500,00 = Materialgemeinkostenzuschlagsatz 116,72%.

Lösung zu Übung Nr. 25
Da die Energiekosten abhängig vom Raumvolumen entstehen, halte ich es für besser, die Kosten nicht mehr nach m², sondern nach m³ zu ermitteln.

Lösung zu Übung Nr. 26
Die Addition ergibt die „Herstellkosten der Fertigung". Einzelkosten Material und Fertigung und Material- und Fertigungsgemeinkosten.

Lösung zu Übung Nr. 27
Da sie verteilt werden müssen, können es nur Gemeinkosten sein – keine Einzelkosten, wie die Fertigungslöhne:
Energiekosten, Laufende Kfz-Kosten, Bürobedarf, Werbung, Zeitungen und Zeitschriften…

Teil IV

Kostenrechnung unter Verwendung einer Standard-Software

Bei vielen Teilnehmerinnen und Teilnehmern ist die Ernüchterung groß, wenn Sie nach dem Erlernen des theoretischen Wissens, eben dieses in der Praxis bei ihrem Arbeitgeber anwenden wollen.

„Buchführung können" und „Buchführung erledigen" sind ein himmelweiter Unterschied. Dennoch müssen Sie Ruhe walten lassen und mit sich selbst Geduld haben. Sie verfügen über das Wissen, das Sie zur Erledigung der Arbeiten benötigen. Nun müssen Sie *nur* noch lernen, wie die Software funktioniert.

Das gleiche Phänomen gibt es erst recht in der Kosten- und Leistungsrechnung. Aber auch Sie verfügen über das erforderliche Wissen, um zu erkennen, ob *das* denn nun auch wirklich stimmen kann, was Sie erfasst haben.

Noch anders ausgedrückt: Was hat ein Arbeitgeber von jemandem, der virtuos schnell Buchungen und Kostenerfassungen in die Tastatur hackt, selbst aber gar nicht überprüfen kann, ob das denn nun auch alles so richtig ist? Nichts!

Damit Sie einen kleinen Vorgeschmack auf die Kostenerfassung am PC bekommen, habe ich von der **Agenda Informationssysteme GmbH & Co. KG in Rosenheim** die Erlaubnis erhalten, Screenshots der Agenda-Softwareanwendungen zu erstellen und in diesem Buch abdrucken zu lassen. Dafür bedanke ich mich recht herzlich.

Bei der Agenda-Software (www.agenda-software.de) handelt es sich um ein modular aufgebautes Software-System. Der Kunde bucht nur die Module, die er braucht. Ich selbst nutze die Software seit sieben Jahren und bin regelmäßig vom Umfang und der Qualität beeindruckt.

Beginnen wir auf der Folgeseite mit ein paar Screenshots, die die Einrichtung der Stammdaten – am Beispiel der „Fantastic Furniture OHG" – demonstrieren.

Einrichtung der Kostenrechnung

Zuerst einmal müssen Sie in den bereits angelegten Stammdaten des Mandanten „Fantastic Furniture OHG" definieren, dass Sie die Kostenrechnung nutzen wollen. Sie starten die Software und wählen den „Mandanten 164" aus.

Nun begeben wir uns in die Stammdaten des Mandanten (der Firma) und aktivieren dort, dass die Erfassung von Kosten in den Feldern „Kost_1" und „Kost_2" genutzt werden soll.

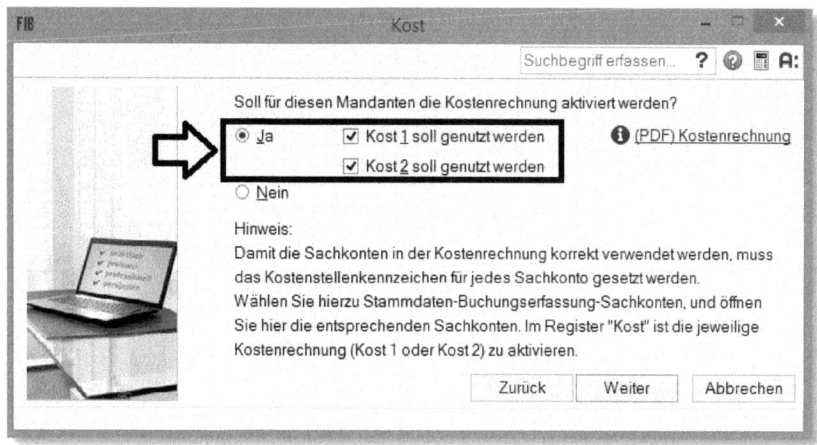

Mit „Kost_1" und „Kost_2" sind Datenfelder gemeint, die wir bei der Erfassung von zum Beispiel einer Eingangsrechnung mit der Nummer einer Kostenstelle oder der eines Kostenträgers befüllen wollen.

Zusätzlich muss auch noch im tiefsten Mandantenstamm („Mandanten-Programmdaten") die Nutzung der Kostenrechnung aktiviert werden. Erst dann kann man dieses Produkt in vollem Umfang nutzen.

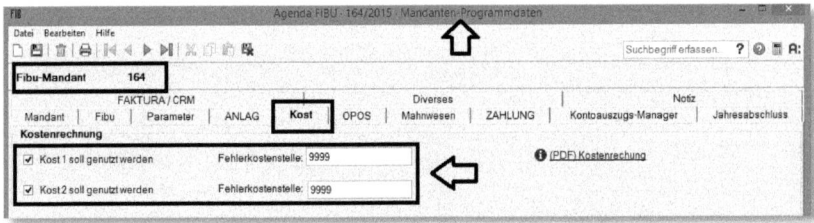

Oben sehen Sie, dass für „Kost_1" und „Kost_2" so genannte *Fehlerkostenstellen* angegeben wurden. *Fehlerkostenstellen* werden benötigt, falls Sie bei der Erfassung eines Beleges diesen Aufwand (Gemeinkosten) keiner *Hauptkostenstelle* direkt zuordnen können. Zuerst einmal wird die Kostenstelle, bzw. der Kostenträger mit „9999" erfasst und dann später – nach dem Aufstellen des BAB – verursachungsgerecht umgebucht.

Nachdem nun im Mandantenstamm und in der Fibu die notwendigen Einstellungen vorgenommen wurden, müssen wir noch ein paar Stammdaten erfassen.

Dafür wählen wir in der Finanzbuchhaltung den nachfolgend dargestellten Pfad aus und erfassen zum Beispiel die *Kostengruppen*, die *Kostenträger* und die *Kostenstellen*.

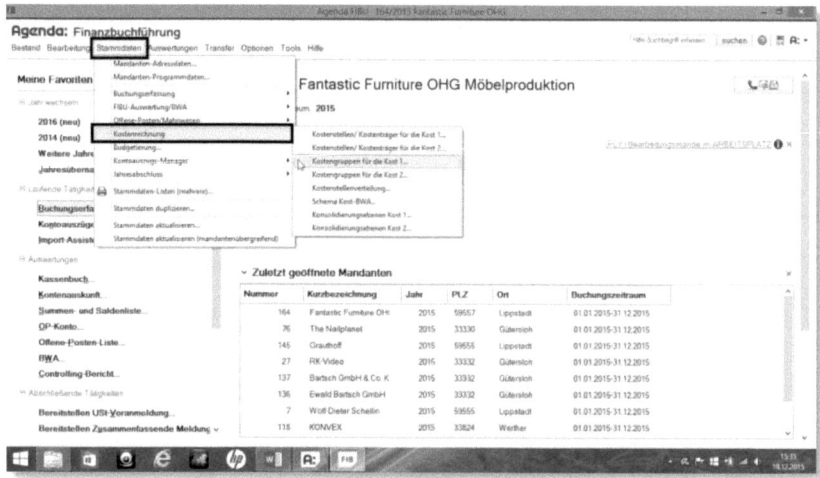

Kostenstellen

Bei den *Kostenstellen* beschränken wir uns auf die *Hauptkostenstellen*, die Ihnen schon von den Erklärungen zum *Betriebsabrechnungsbogen* bekannt sind. Wir erfassen hier die *HKS 1000 Material, 2000 Fertigung, 3000 Verwaltung und 4000 Vertrieb*:

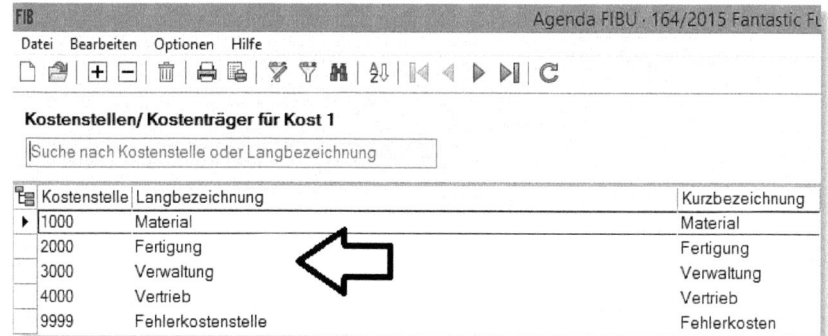

Kostengruppen

Unter *Kostengruppen* versteht man zum Beispiel eine unserer Möbelserien, also nicht einen einzelnen Schrank oder einen Stuhl, den wir fertigen.

Ich habe dafür die Kostengruppen „Fantastico", „Future" und „Black Mamba" gewählt. Drei Möbelserien oder *Produktlinien,* die von der „Fantastic Furniture OHG" gefertigt und vertrieben werden.

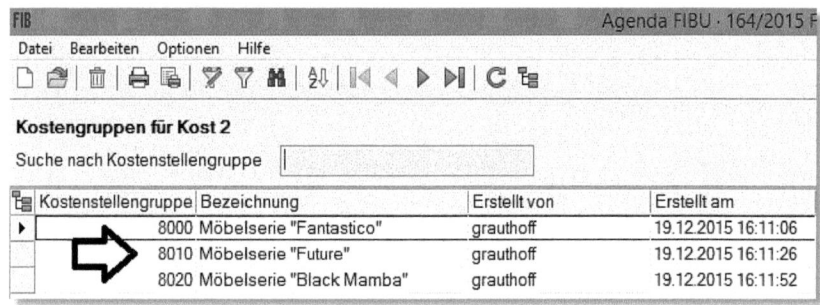

Für jede einzelne *Kostengruppe* muss eine *Nummer* definiert werden. Die benötigen wir zum Beispiel für die Erfassung von Rechnungen, sonstigen Belegen oder für Umbuchungen.

Danach können wir die Stammdaten der *Kostenträger* erfassen. Das geht erst nach dem Erfassen der *Kostengruppen,* weil wir Letztere zuordnen müssen:

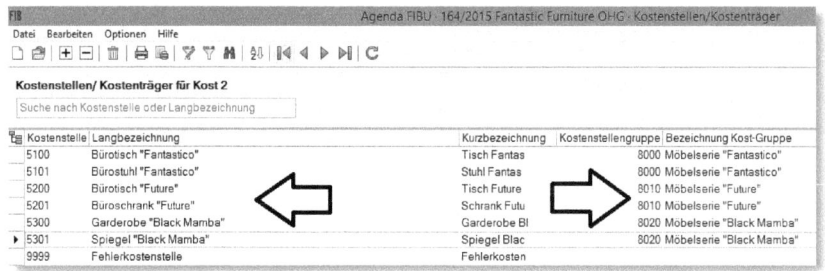

Als *Kostenträger* habe zwei Produkte der Serie „Fantastico", zwei aus der Produktlinie „Future" und zwei Produkte aus der Serie „Black Mamba" erfasst. Links stehen die *Kostenträger-Nummern* und im rechten Bildbereich die zugeordneten *Kostengruppen*.

Nun, nachdem alle notwendigen Stammdaten erfasst wurden, können wir uns schon daran machen, die laufende Buchführung zu erledigen. Denn schon beim Buchen im *Rechnungskreis I.* werden die erforderlichen Erfassungen für die KLR vorgenommen.

Sie haben ja noch die Arbeiten in der *Ergebnistabelle* vor Augen. Wir haben dort zum Beispiel den Saldo des Kontos *5710 Zinserträge* neutralisiert, weil diese Erträge nicht mit der Möbelfertigung zu tun hatten und wir diese als *betriebsfremd* einstuften.

In der *echten* Buchführung werden bei solchen *eindeutigen* Aufwendungen grundsätzliche Einstellungen vorgenommen, so dass es von Anfang an unmöglich ist, diesen zum Beispiel *Zinsertrag* unter Nennung eines *Kostenträgers* oder einer *Kostenstelle* zu erfassen. In den Stammdaten des Ertragskontos lässt man die beiden Felder zur Erfassung von *„Kost_1"* und *„Kost_2* inaktiv:

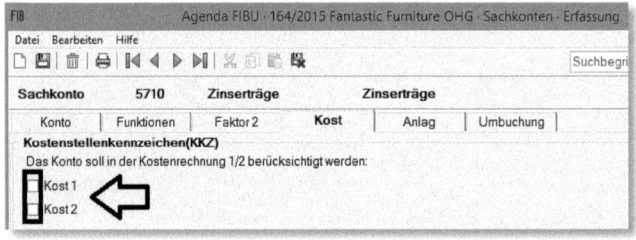

Diese *fehlenden Häkchen* ersetzen in diesem Falle die *Ergebnistabelle*.

Selbst wenn die Kollegin aus der Buchführung beim Erfassen einer Zinsgutschrift seitens der Sparkasse in Lippstadt auf dem Konto *5710 Zinserträge* eine Kostenstelle eintippt, fließt der Betrag nicht in unsere *Betriebsergebnisrechnung* mit ein. Sie bleiben außen vor, so als hätten wir sie manuell *neutralisiert*.

Aus Sicherheitsgründen können und sollten Sie regelmäßig nach Unstimmigkeiten suchen. Um noch einmal überprüfen zu können, ob – wie beim Konto 5710 – *tatsächlich* keine Übernahme in den RK II. erfolgen sollte, drucken Sie ein entsprechendes Protokoll aus:

Protokoll	
164/2015 Fantastic Furniture OHG	Seite 1 von 1
Konten ohne Kostenstellen-Kennzeichen	
Konto: 5710 Zinserträge	

Ihnen wird damit gezeigt, dass das Konto bebucht wurde, jedoch im Stamm hinterlegt ist, dass es *nicht* in die KLR einfließen soll.

Bei anderen Aufwandskonten ist es jedoch zwingend erforderlich, eine Aktivierung der Kostenrechnung vorzunehmen.

Um die späteren Erfassungen und Auswertungen nicht zu unübersichtlich werden zu lassen, belassen wir es dabei, uns beim Einkauf von Stoffen auf die *Aufwendungen Rohstoffe (Konto 6000)* zu beschränken. Dessen Stammdaten sehen nach der Aktivierung der KLR wie folgt aus:

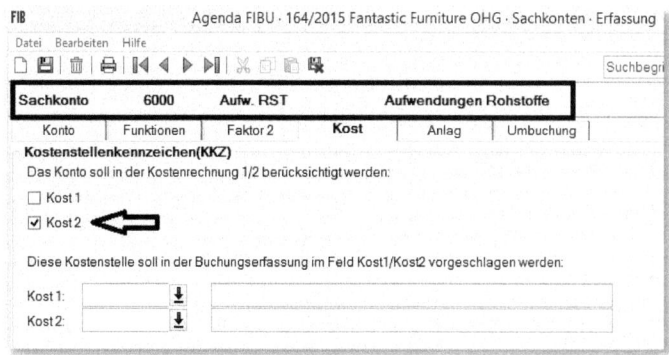

„Kost_2" habe ich bewusst gewählt. Über *„Kost_1"* erfassen wir die Aufwendungen nach *Kostenstellen*. Beim *Verbuchen von Roh-, Hilfs- und Betriebsstoffen* jedoch wollen wir die Aufwendungen den *Kostenträgern*, also unseren einzelnen *Möbelstücken* zuordnen. Diese Differenzierung dient dazu, den Überblick zu behalten und die Zahlen nicht versehentlich zu vermengen.

Als nächstes schauen wir uns das Sachkonto *6160 Fremdinstandhaltung* an. Hier wollen wir bei der Buchungserfassung eine *Kostenstelle* im Feld *„Kost_1"* nennen:

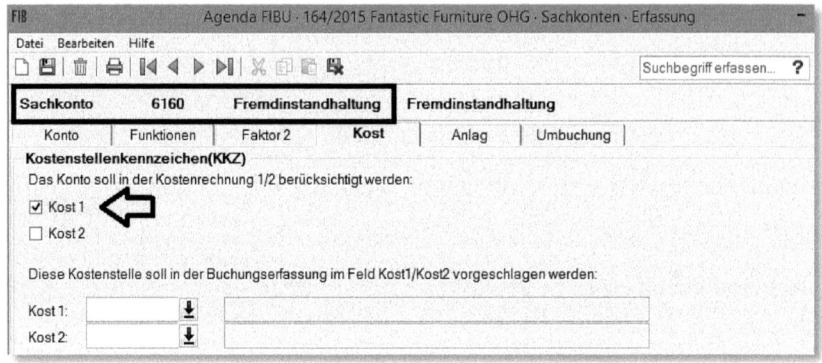

Ebenso verfahren wir bei dem Konto *6300 Gehälter*

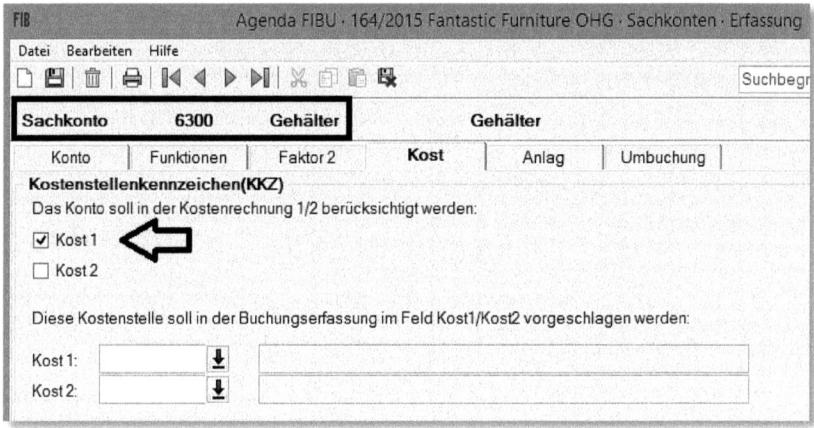

und dem Aufwandskonto *6400 AG-Anteil Sozialversicherung*:

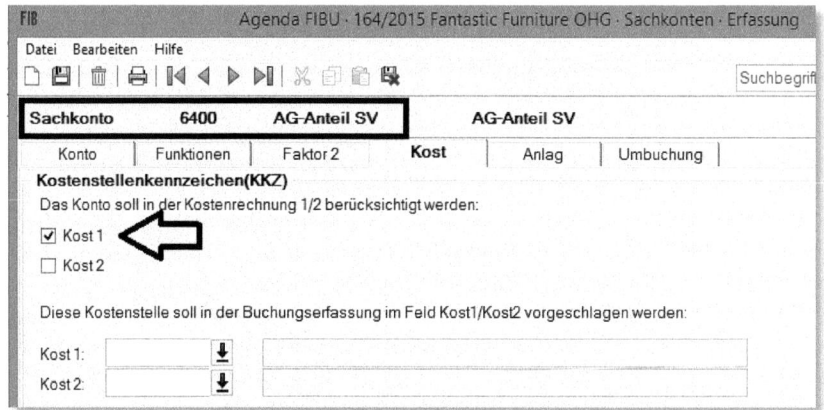

Beide Aufwendungen können nur einer *Kostenstelle*, nicht aber einem *Kostenträger* zugeordnet werden.

Auf der nächsten Seite erfassen wir nun einzelne Aufwendungen.

Beginnen wollen wir mit einzelnen Posten der *Fremdinstandhaltung*, die unter Nennung der *Kostenstelle* über das *Konto 6160* erfasst werden.

Von der Firma Knudsen, die in der Fibu die *Kreditorennummer 70000* hat, erhalten wir eine Rechnung (Nummer 145877) vom 17.04.2015 in Höhe von brutto (inklusive 19% VSt.) € 21.290,29 über die Instandsetzung eines Portalkrans im Materiallager. Die betroffene Kostenstelle ist also die „*1000 – Material*".

Sie sehen hier einen Ausschnitt der Erfassungsmaske im Softwaremodul *Finanzbuchhaltung.*

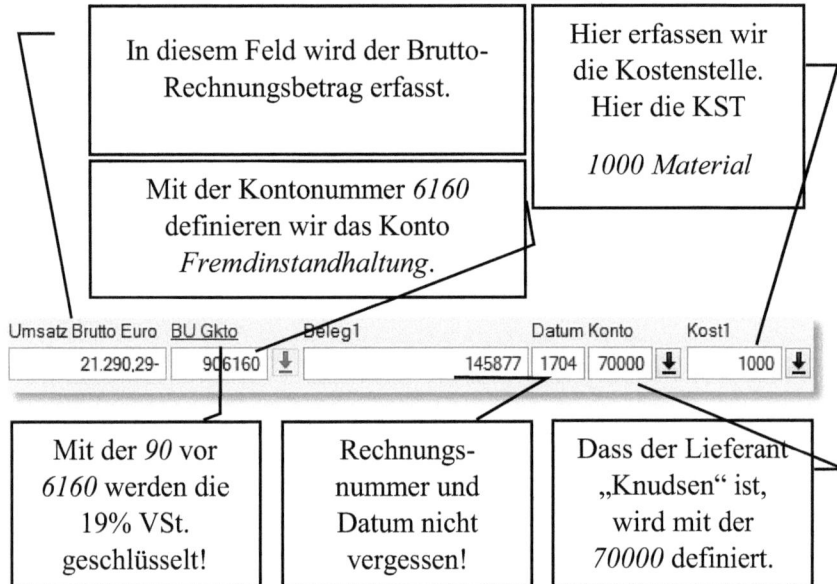

Damit haben wird die Rechnung korrekt und vollständig erfasst. Auf den ersten Blick erscheint das recht unübersichtlich. Je häufiger Sie aber selbst buchen, desto leichter geht Ihnen das Ganze von der Hand. Kommen wir nun zu einer Instandsetzungsrechnung von *SN Maschinenservice* (Kreditor 70400) vom 17.07.2015 über brutto € 7.140,00. Die Instandsetzung betraf das Abluftsystem in der *Fertigung (KST 2000).*

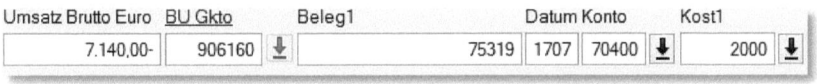

Unter Nennung des *Aufwandskontos*, des *Steuerschlüssels 90* (der sagt der Software, dass 19% VSt. im Betrag stecken), der

Rechnungsnummer und des *–datums,* der *Kreditorennummer* und der *Kostenstelle* erfassen wir den Geschäftsfall und schließen ihn ab.

Die nächste Rechnung ist von *Canon Deutschland* (Kreditor 70300) über die Instandsetzung unseres Fax-Gerätes in der *Verwaltung (KST 3000)*.

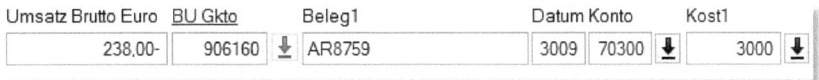

Als nächste Beispiel-Rechnung nehmen wir noch eine von *SN-Maschinenservice.* Man hatte eine umfangreiche Reparatur des Fertigwaren-Regals *(KST 4000)* ausgeführt.

Nun kommen wir zu zwei Buchungen, die an Hand der Buchungsliste aus der Entgeltabrechnung erfasst werden. Die Lohnbuchhaltung übergibt uns nach der Fertigung der Lohnabrechnungen regelmäßig eine Liste, auf der auch die Kostenstellen verzeichnet sind. Auf Basis dieser Liste buchen wir zum einen die Gehälter:

und den Arbeitgeberanteil zur Sozialversicherung:

Beide Beträge werden zu Lasten der *Fehlerkostenstelle 9999* gebucht, weil diese *Gemeinkosten* nur über den Betriebsabrechnungsbogen verteilt werden können. Von dieser *KST 9999* buchen wir diese später, verursachungsgerecht auf die richtigen Kostenstellen um.

Als letzte Buchung folgt nun die Bearbeitung einer Rohstoff-Rechnung unseres Lieferanten *Natural Wood* (Kreditor 70500):

Da wir *aufwandsorientiert* buchen, sprechen wir das Konto *6000 Aufwendungen Rohstoffe* an und nennen im Feld *Kost_2* die *Fehlerkostenstelle 9999*. *Kost_2* hatten wir für die *Kostenträger-Erfassung* genutzt. Später buchen wir die *Rohstoff-Kosten* auf die entsprechenden *Kostenträger* um.

Es wurden nun alle Geschäftsvorfälle der aktuellen Rechnungsperiode erfasst und wir können nun die ersten Auswertungen ausdrucken. Zuerst geht es uns darum, die auf der *Fehlerkostenstelle 9999* erfassten Personalkosten verursachungsgerecht umzubuchen.

Wir drucken eine *Kostenartenliste* aus, die wir auf die Konten *6300* und *6400* reduziert gefiltert haben:

		Periodendatum 01.01.2015 - 31.12.2015		
Konto	Bezeichnung	Anfangsbest.	Summe Soll	Summe Haben
6300	Gehälter	0,00	15.500,00	0,00
6400	AG-Anteil SV	0,00	3.100,00	0,00
9999	Fehlerkosten	0,00	18.600,00	0,00
	Summe	0,00	18.600,00	0,00

Kost-Kostenartenliste KOST-1 in Euro

164/2015 Fantastic Furniture OHG
Konten von bis: 6300 - 6400
Alle Kostenstellen
Mit Verteilung; Mit VJ; aus FIBU und KOST

Auf dem Konto 6300 werden € 15.500,00 ausgewiesen. Diese gilt es nun, als hätten wir einen BAB vor uns liegen, auf die *Hauptkostenstellen 1000 bis 4000* zu verteilen.

20% (€ 3.100,00) entfallen auf die *KST Material 1000*,

20% (€ 3.100,00) auf die *KST Fertigung 2000*,

35% (€ 5.425,00) auf die *KST Verwaltung 3000* und

25% (€ 3.875,00) auf die *KST Vertrieb 4000*.

Wir müssen diese Beträge nun manuell von der *Fehlerkostenstelle 9999* umbuchen und verwenden dafür eine andere Erfassungsmaske.

Lfdnr	Umsatz Netto Euro	Konto	Datum	1/2	Von Kost.	Nach Kost.	Buchungstext
1	3.100,00+	6300 ⬇	3011	1	9999 ⬇	1000 ⬇	Gehälter November 2015

Bei der Umbuchung müssen wir das *Aufwandskonto* und das *Datum* nennen. Im Datenfeld mit der Beschriftung „*1/2*" müssen wir angeben, welche KST ursprünglich verwendet wurde. Dann die *Fehlerkostenstelle 9999* und die KST, auf die der Betrag nun umgebucht werden soll *(KST 1000)*.

Wenn wir richtig gebucht haben – denn dazu braucht es schon etwas Übung mit dem „ *Von Kost.* " „ *Nach Kost.* " – dann können wir das am erneuten Ausdruck der Kostenartenliste sehen:

111

164/2015 Fantastic Furniture OHG Konten von bis: 6300 - 6400 Alle Kostenstellen Mit Verteilung; Mit VJ; aus FIBU und KOST			
Konto Bezeichnung	Periodendatum 01.11.2015 - 30.11.2015		
	Anfangsbest.	Summe Soll	Summe Haben
6300 Gehälter	0,00	3.100,00	0,00
1000 Material	0,00	3.100,00	0,00
6300 Gehälter	0,00	15.500,00	3.100,00
6400 AG-Anteil SV	0,00	3.100,00	0,00
9999 Fehlerkosten	0,00	18.600,00	3.100,00
Summe	0,00	21.700,00	3.100,00

Wir haben es richtig gemacht! In der *Kostenstelle 1000 Material* sind jetzt € 3.100,00 gebucht und im *Haben* der *Fehlerkostenstelle 9999* wurde diese gemindert. Weiter geht's!

Lfdnr	Umsatz Netto Euro	Konto	Datum	1/2	Von Kost.	Nach Kost.	Buchungstext
	3.100,00+	6300	3011	1	9999	2000	Gehälter November 2015

Lfdnr	Umsatz Netto Euro	Konto	Datum	1/2	Von Kost.	Nach Kost.	Buchungstext
	5.425,00+	6300	3011	1	9999	3000	Gehälter November 2015

Lfdnr	Umsatz Netto Euro	Konto	Datum	1/2	Von Kost.	Nach Kost.	Buchungstext
	3.875,00+	6300	3011	1	9999	4000	Gehälter November 2015

Nun haben wir auch das erledigt und wir können das Ergebnis überprüfen:

Die *Kostenstellen 1000 – 4000* wurden mit dem richtigen Betrag bebucht und die *Fehlerkostenstelle 9999* weist sowohl im Soll, als auch im Haben die Summe € 15.500,00 aus.

Konto	Bezeichnung	Periodendatum 01.11.2015 - 30.11.2015		
		Anfangsbest.	Summe Soll	Summe Haben
6300	Gehälter	0,00	3.100,00	0,00
1000	Material	0,00	3.100,00	0,00
6300	Gehälter	0,00	3.100,00	0,00
2000	Fertigung	0,00	3.100,00	0,00
6300	Gehälter	0,00	5.425,00	0,00
3000	Verwaltung	0,00	5.425,00	0,00
6300	Gehälter	0,00	3.875,00	0,00
4000	Vertrieb	0,00	3.875,00	0,00
6300	Gehälter	0,00	15.500,00	15.500,00
9999	Fehlerkosten	0,00	15.500,00	15.500,00
	Summe	0,00	31.000,00	15.500,00

Und wie beim Konto 6300 müssten wir auch bei dem Konto *6400 AG-Anteil Sozialversicherung* verfahren. Wir richten nun aber unser Augenmerk auf die eingekauften Rohstoffe.

Diese Buchung von € 25.000,00 wartet noch auf der *Fehlerkostenstelle 9999* auf das verursachungsgerechte Umbuchungen. Will sagen, wir müssen sie den einzelnen *Kostenträgern (KTR)* zuordnen.

Anhand der uns vorliegenden *Materialentnahmescheine* können wir in Summe folgendes festhalten:

€ 9.700,00 entfallen aus den *KTR „5100 Bürotisch Fantastico"*,

€ 8.100,00 entfallen aus den *KTR „5200 Bürotisch Future"*,

€ 5.050,00 entfallen auf den *KTR „5201 Büroschrank Future"* und

€ 2.150,00 entfallen auf den *KTR „5300 Garderobe Black Mamba"*.

Wir buchen diese Beträge zu Lasten der Kostenträger wie gehabt um:

Lfdnr	Umsatz Netto Euro	Konto	Datum	1/2	Von Kost.	Nach Kost.	Buchungstext
5	9.700,00+	6000	1511	2	9999	5100	Natural Wood Rg. 15798

Sie sehen, wir mussten im Datenfeld *„ 1/2 "* eine „2" erfasst, weil es hier um das Buchen auf einen *Kostenträger* geht. Weiter geht es mit den drei verbleibenden Buchungen:

Lfdnr	Umsatz Netto Euro	Konto	Datum	1/2	Von Kost	Nach Kost	Buchungstext
6	8.100,00+	6000	1511	2	9999	5200	Natural Wood Rg. 15798

Lfdnr	Umsatz Netto Euro	Konto	Datum	1/2	Von Kost	Nach Kost	Buchungstext
7	5.050,00+	6000	1511	2	9999	5201	Natural Wood Rg. 15798

Lfdnr	Umsatz Netto Euro	Konto	Datum	1/2	Von Kost	Nach Kost	Buchungstext
8	2.150,00+	6000	1511	2	9999	5300	Natural Wood Rg. 15798

Wir kontrollieren nun, ob *Soll und Haben* auf der Fehlerkostenstelle ausgeglichen sind:

164/2015 Fantastic Furniture OHG
Konten von bis: 6000 - 6000
Alle Kostenstellen
Mit Verteilung; Mit VJ; aus FIBU und KOST

Konto	Bezeichnung	Anfangsbest.	Periodendatum 01.11.2015 - 30.11.2015 Summe Soll	Summe Haben
6000	Aufwendungen Rohstoffe	0,00	9.700,00	0,00
5100	Tisch Fantas	0,00	9.700,00	0,00
6000	Aufwendungen Rohstoffe	0,00	8.100,00	0,00
5200	Tisch Future	0,00	8.100,00	0,00
6000	Aufwendungen Rohstoffe	0,00	5.050,00	0,00
5201	Schrank Futu	0,00	5.050,00	0,00
6000	Aufwendungen Rohstoffe	0,00	2.150,00	0,00
5300	Garderobe Bl	0,00	2.150,00	0,00
6000	Aufwendungen Rohstoffe	0,00	25.000,00	25.000,00
9999	Fehlerkosten	0,00	25.000,00	25.000,00
	Summe	0,00	50.000,00	25.000,00

Die *Fehlerkostenstelle 9999* ist mit jeweils € 25.000,00 im Soll und im Haben ausgeglichen!

Auf diese Weise verteilen Sie alle *Gemeinkosten* auf die entsprechenden *Kostenstellen* und alle *Einzelkosten* auf die *Kostenträger*.

Sie sehen, dass diese Arbeiten recht umfangreich sind. Eigentlich muss man jede eingehende Rechnung oder jeden Beleg zur Hand nehmen und bestimmen, welche KST oder welcher KTR Auslöser für diese Kosten war. Und diesen dann oftmals umbuchen. Deshalb gibt es in großen Unternehmen auch regelmäßig Mitarbeiter, die nur mit der

Kostenrechnung beschäftigt sind: die besagten *pessimistischen Kollegen*.

Um die Kostenrechnung des aktuellen Monats abzuschließen, haben wir nun die drei geschriebenen *Ausgangsrechnungen* im *Rechnungskreis I.* gebucht. Im rechten Bildbereich können Sie die erfassten *Kostenträger* ablesen.

Mit Hilfe der bekannten Auswertung können wir überprüfen, ob alle Zahlen im RK II. angekommen sind:

Kost-Kostenartenliste KOST-2 in Euro			
164/2015 Fantastic Furniture OHG			
Konten von bis: 5000 - 5000			
Alle Kostenstellen			
Mit Verteilung; Mit VJ; aus FIBU und KOST			
		Periodendatum 01.11.2015 - 30.11.2015	
Konto Bezeichnung	Anfangsbest.	Summe Soll	Summe Haben
5000 Erlöse eigene Erzeugnisse	0,00	0,00	17.450,00
5100 Tisch Fantas	0,00	0,00	17.450,00
5000 Erlöse eigene Erzeugnisse	0,00	0,00	3.750,00
5101 Stuhl Fantas	0,00	0,00	3.750,00
5000 Erlöse eigene Erzeugnisse	0,00	0,00	9.700,00
5200 Tisch Future	0,00	0,00	9.700,00
5000 Erlöse eigene Erzeugnisse	0,00	0,00	8.750,00
5201 Schrank Futu	0,00	0,00	8.750,00
5000 Erlöse eigene Erzeugnisse	0,00	0,00	4.270,00
5300 Garderobe Bl	0,00	0,00	4.270,00
Summe	0,00	0,00	43.920,00

Sowohl in der *Erfassungsmaske* des RK I., als auch in der *Kostenartenliste* sehen Sie die identische Summe € 43.920,00.

Schauen wir uns nun die *wirklich sehr verkürzte* Ergebnisrechnung für den Monat November an. In Wirklichkeit hätten wir noch viele weitere Kosten erfassen und umverteilen müssen. Wir wären nicht umhin gekommen, Zuschläge laut dem BAB hinzuzufügen. Der Übersicht halber haben wir hier darauf verzichtet.

Konten von bis: 0 - 9999
Alle Kostenstellen
Mit Verteilung; Mit VJ; aus FIBU und KOST

Konto	Bezeichnung	Kumuliert 01.01.2015 - 30.11.2015		
		Summe Soll	Summe Haben	Saldo
5000	Erlöse eigene Erzeugnisse	0,00	17.450,00	17.450,00-
6000	Aufwendungen Rohstoffe	9.700,00	0,00	9.700,00
5100	**Tisch Fantas**	9.700,00	17.450,00	7.750,00-
5000	Erlöse eigene Erzeugnisse	0,00	3.750,00	3.750,00-
5101	**Stuhl Fantas**	0,00	3.750,00	3.750,00-
5000	Erlöse eigene Erzeugnisse	0,00	9.700,00	9.700,00-
6000	Aufwendungen Rohstoffe	8.100,00	0,00	8.100,00
5200	**Tisch Future**	8.100,00	9.700,00	1.600,00-
5000	Erlöse eigene Erzeugnisse	0,00	8.750,00	8.750,00-
6000	Aufwendungen Rohstoffe	5.050,00	0,00	5.050,00
5201	**Schrank Futu**	5.050,00	8.750,00	3.700,00-
5000	Erlöse eigene Erzeugnisse	0,00	4.270,00	4.270,00-
6000	Aufwendungen Rohstoffe	2.150,00	0,00	2.150,00
5300	**Garderobe Bl**	2.150,00	4.270,00	2.120,00-
6000	Aufwendungen Rohstoffe	25.000,00	25.000,00	0,00
9999	**Fehlerkosten**	25.000,00	25.000,00	0,00
	Summe	50.000,00	68.920,00	18.920,00-

Wir können ablesen, dass uns der *Kostenträger 5100 Fantastico* mit *Leistungen (Erlösen)* von € 17.450,00 und *Kosten (Aufwendungen)* von € 9.700,00 ein positives Ergebnis beschert hat. Gleiches gilt für alle anderen, hier aufgelisteten Produkte.

Wie gesagt, sagt diese verkürzte Ergebnisrechnung noch nichts über das *endgültige Betriebsergebnis* aus. Es fehlt noch die Hinzurechnung der *Fertigungslöhne und der AG-Anteile zur Sozialversicherung.*

Auf die *HKS 1000 Material* entfielen € 3.100,00 an Löhnen plus € 620,00 an AG-Anteilen. Die *HKS 2000 Fertigung* wurde mit den gleichen Beträgen belastet. In Summe also ebenfalls € 3.720,00.

Wir unterstellen, dass die Lohnkosten der *HKS 1000* und *2000* prozentual – wie folgt – auf die *Kostenträger* umgelegt werden müssen:

• KTR 5100 32% der Löhne von der *HKS Material* = € 1.190,40

• KTR 5100 32% der Löhne von der *HKS Fertigung* = € 1.190,40

• KTR 5101 12% der Löhne von der *HKS Material* = € 446,40

• KTR 5101 12% der Löhne von der *HKS Fertigung* = € 446,40

• KTR 5200 28% der Löhne von der *HKS Material* = € 1.041,60

• KTR 5200 28% der Löhne von der *HKS Fertigung* = € 1.041,60

• KTR 5201 20% der Löhne von der *HKS Material* = € 744,00

• KTR 5201 20% der Löhne von der *HKS Fertigung* = € 744,00

• KTR 5300 8% der Löhne von der *HKS Material* = € 297,60

• KTR 5300 8% der Löhne von der *HKS Fertigung* = € 297,60

Die Erfassung folgt getrennt nach den *Konten 6300 und 6400* und ergibt dann die folgende – vorläufige – Ergebnisrechnung.

Konto	Bezeichnung	Kumuliert 01.01.2015 - 30.11.2015		
		Summe Soll	Summe Haben	Saldo
5000	Erlöse eigene Erzeugnisse	0,00	17.450,00	17.450,00-
6000	Aufwendungen Rohstoffe	9.700,00	0,00	9.700,00
6300	Gehälter	1.984,00	0,00	1.984,00
6400	AG-Anteil SV	396,80	0,00	396,80
5100	Tisch Fantas	12.080,80	17.450,00	5.369,20-
5000	Erlöse eigene Erzeugnisse	0,00	3.750,00	3.750,00-
6300	Gehälter	744,00	0,00	744,00
6400	AG-Anteil SV	148,80	0,00	148,80
5101	Stuhl Fantas	892,80	3.750,00	2.857,20-
5000	Erlöse eigene Erzeugnisse	0,00	9.700,00	9.700,00-
6000	Aufwendungen Rohstoffe	8.100,00	0,00	8.100,00
6300	Gehälter	1.736,00	0,00	1.736,00
6400	AG-Anteil SV	347,20	0,00	347,20
5200	Tisch Future	10.183,20	9.700,00	483,20
5000	Erlöse eigene Erzeugnisse	0,00	8.750,00	8.750,00-
6000	Aufwendungen Rohstoffe	5.050,00	0,00	5.050,00
6300	Gehälter	1.240,00	0,00	1.240,00
6400	AG-Anteil SV	248,00	0,00	248,00
5201	Schrank Futu	6.538,00	8.750,00	2.212,00-
5000	Erlöse eigene Erzeugnisse	0,00	4.270,00	4.270,00-
6000	Aufwendungen Rohstoffe	2.150,00	0,00	2.150,00
6300	Gehälter	496,00	0,00	496,00
6400	AG-Anteil SV	99,20	0,00	99,20
5300	Garderobe Bl	2.745,20	4.270,00	1.524,80-
6000	Aufwendungen Rohstoffe	25.000,00	25.000,00	0,00
9999	Fehlerkosten	25.000,00	25.000,00	0,00
	Summe	57.440,00	68.920,00	11.480,00-

Folgendes können wir diesen Werten entnehmen. Mit Ausnahme des Kostenträgers *5200 „Tisch Future"* weisen alle anderen Produkte ein positives Ergebnis aus. Die negativen Vorzeichen bei den übrigen Produkten besagen nur, dass die *Leistungen* größer waren als die *Kosten*.

Kurz und übersichtlich hingegen ist die *Summenliste*. In der *Spalte Saldo* können wir die saldierten Ergebnisse ablesen.

164/2015 Fantastic Furniture OHG				Seite 1 von 1
Konten von bis: 0 - 9999				
Alle Kostenstellen				
Mit Verteilung; Mit VJ; aus FIBU und KOST				
		Kumuliert 01.01.2015 - 30.11.2015		
Kost	Bezeichnung	Summe Soll	Summe Haben	Saldo
5100	Tisch Fantas	12.080,80	17.450,00	5.369,20-
5101	Stuhl Fantas	892,80	3.750,00	2.857,20-
5200	Tisch Future	10.183,20	9.700,00	483,20
5201	Schrank Futu	6.538,00	8.750,00	2.212,00-
5300	Garderobe Bl	2.745,20	4.270,00	1.524,80-
9999	Fehlerkosten	25.000,00	25.000,00	0,00
	Summe	57.440,00	68.920,00	11.480,00-

Diese Anwendungsbeschreibung sollte Ihnen einen kleinen Einblick in die Datenverarbeitung im Bereich der KLR geben. Sie haben feststellen können, dass es keineswegs *Zauberei* ist, Stammdaten einzurichten und Bewegungen richtig zu erfassen. Die Übung und die Routine macht's. Ich wünsche Ihnen viel Erfolg und gutes Gelingen!

Index

Seit August 2015 ist dieses Buch verfügbar. Es ist ein reines Lesebuch ohne ergänzende Übungen.

Paperback, 138 Seiten

ISBN 978-3738633696

ab € 6,99

An Introduction
to the German
ACCOUNTANCY SYSTEM

Wolf-Dieter Schellin

tredition®

Seit Januar 2016 ist dieses Buch im internationalen Buchhandel erhältlich. Die Grundlagen des deutschen Buchführungssystems werden hier in englischer Sprache vermittelt. Ein Buch, das auch für deutsche Muttersprachler von Interesse ist.

Paperback, 168 Seiten

ISBN 978-3732366767

ab € 12,99

Über das Buch

Das Thema „Rechnungswesen" ist für viele Berufsschüler, aber auch für erwachsene Teilnehmer von Fort-, Weiterbildungen und Umschulungen eher ein notwendiges Übel. Lehrer, Ausbilder und Arbeitgeber verlangen aber, dass Sie sich in der Materie auskennen und Ihr Wissen in das Tagesgeschäft einbringen können.

Dieses Buch soll Ihnen dabei helfen, die Grundlagen der Kosten- und Leistungsrechnung und die ersten Schritte einer DV-gestützten Erfassung zu erlernen.

Der Autor hat Wert darauf gelegt, nicht zu ausschweifend zu erklären und Ihnen eine ausreichende Zahl an Übungen zur Verfügung zu stellen.

Über den Autor

Wolf-Dieter Schellin (*1964) ist gelernter Industriekaufmann mit berufsbegleitenden Fortbildungen unter anderem zum Ausbilder (AdA) und zum Bilanzbuchhalter (IHK). Seit 1987 ist er im Bereich des betrieblichen Rechnungswesens tätig. Im Jahr 2009 nahm der Autor seine Arbeit in der Erwachsenenbildung auf. Er ist zudem Mitglied im Prüfungsausschuss für Kaufleute für Büromanagement der Industrie- und Handelskammer Ostwestfalen zu Bielefeld.

Bildnachweis

Seite 5 – pixabay.com/antmoreton

Seite 7 – pixabay.com/Ben Kerckx

Seite 14 – pixabay.com/kropekk_pl

Seite 17 – pixabay.com/wolter_tom

Seite 19 – pixabay.com/DasWortgewand

Seite 24 – pixabay.com/PublicDomainPictures

Seite 25 – pixabay.com/Foto-Rabe

Seite 28 – pixabay.com/geralt

Seite 32 – pixabay.com/blickpixel

Seite 40 – pixabay.com/topview

Seite 41 – pixabay.com/seografika

Für alle Screenshots von Anwendungen der agenda-software liegt das Copyright bei der Agenda Informationssysteme GmbH & Co. KG, Oberaustraße 14, 83026 Rosenheim.

Für alle anderen Grafiken liegt das Copyright bei Wolf-Dieter Schellin.